KB234546

하루 25쪽 독서습관

하루 25쪽 독서습관

초판 1쇄 발행 2014년 11월 2일

지은이 남낙현
발행인 송현옥
편집인 옥기종
펴낸곳 도서출판 더블:엔
출판등록 2011년 3월 16일 제2011-000014호

주소 서울시 강서구 마곡서1로 132, 301-901
전화 070_4306_9802
팩스 0505_137_7474
이메일 double_en@naver.com

ISBN 978-89-98294-05-2 (13320)

도서출판 더블:엔은 독자 여러분의 원고 투고를 환영합니다. '열정과 즐거움이 넘치는 책' 으로 엮고자 하는
아이디어 또는 원고가 있으신 분은 이메일 double_en@naver.com으로 출간의도와 원고 일부, 연락처 등을
보내주세요. 즐거운 마음으로 기다리고 있겠습니다.

하루 25쪽 독서습관

지금 바로 시작하는 즐거운 책읽기 전략

남낙현 지음

더블:엔

...

변화는 현재를 살게 하고, 변명은 미래를 살게 한다

"나, 회사 그만둘까?"

퇴근하고 돌아온 아내가 폭탄선언을 하더니, 창백해진 내 얼굴을 보고는 농담이라며 웃는다.

돈은 버는 속도보다 더 빠르게 빛의 속도로 사라지고, 직장은 칼날 위에 서 있는 전쟁터다. 벌어놓은 건 없고 늘어가는 건 주름살과 나이뿐이며, 이제 월급 없이는 하루도 생활을 유지하기 힘들어져버렸다.

"늦었다! 빨리 일어나!" 소프라노 조수미보다 한 톤 높은 목소리로 하루가 시작된다. 아이들 챙기랴, 출근 준비하랴, 우리 부부는 정신없이 바쁘게 한눈팔지 않고 열심히 살았다. 맞벌이 부부들이 다 이렇게 산다고 생각했다. 하지만 이 평범하던 인생에 어느 순간 문제가 생겨버렸다. 생활에 지쳐 몸이 자주 아프기 시작했고, 퇴직문제가 더 이상 남 일이 아니었다. 하고 싶은 일을 꿈꾸는 삶이 불가능해져갔다. 열심히만 살다 지쳐버린 것이다. 시간이 지날수록, 아이들이 커갈수록, 어깨에 지워지는 삶의 무게에 눌려 나는 점점 작아져가고 있었다.

얼마 전, 회사 회식을 하고 대리운전을 불렀다. 서른 중반쯤 돼 보이는 그는 낮에는 직장에 다니고 밤에는 아내와 함께 투잡을 하고 있다고 했다.

"새벽까지 일하면 잠이 부족하지 않으세요?"

"낮에 회사에서 꾸벅꾸벅 졸고 있을 때가 많죠."

새벽일을 끝내고 두세 시간 정도 선잠을 자고 회사에 출근한다며 그는 다음 호출장소로 뛰어간다. "원 없이 자보고 싶어요"라는 그의 말이 자꾸 떠오르며 '회사일, 대리운전일 두 가지를 다 잘할 수 있을까?' '주객이 바뀌어 오히려 회사일도 제대로 못하지 않을까' 걱정이 되었다.

아무리 열심히 살아도 우리 삶은 변하지 않고 요지부동일 때가 많다. 언제까지 기한도 없이 자신이 바라는 삶을 위해 준비해야 되는가? 마음은 간절하다. 간절한 만큼 생각과 행동이 따라야 하는데 정작 부딪치게 되는 현실이라는 벽은 너무도 단단하다. 시간을 내서 무엇을 한다는 것도 만만치 않다. 또 막상 용기를 내려 해도 어떻게 해야 할지 막막하다. 성공한 사람을 만나 조언을 구하면 좋겠지만 주위에서 찾아보기도 어렵다. 그러다 나는 아주 운이 좋게도 가까운 곳에서 변화를 만났다. 그 주인공은 바로 '얇은 책 읽기'였다.

'한 권의 책에는 한 사람의 인생'이 오롯이 담겨 있다. 책은 내가 원하기만 하면 언제든 다가갈 수 있었다. 그렇게 잦은 만남을 통해 나는 변화된 삶을 만드는 한 걸음을 어떻게 내딛어야 하는지 알아갔다. 거창하지도 복잡하지도 않은 그 깨우침을 통해 내 삶은 조금씩 변화되고 있었다.

물론 처음부터 책을 읽는 일이 쉬웠던 건 아니다. 책은 '라면 먹을 때 냄비 받침으로 요긴하게 쓰던 물건'이었던 나에게 한 권의 책을 읽어내는 일은 고통 그 자체였다. 그래서 생각해낸 것이 '25쪽 독서'였다. 25페이지를 읽기 전까지는 아무것도 하지 말자는 생각으로 한 권의 책을 나누어본 게 계기가 되었고 이것이 습관이 되면서 변화의 단추가 되어주었다.

반복되는 일상에서 지난 3년간 쫓기듯 바쁜 맞벌이 삶을 살면서도 한 가지만은 바꾸지 않았다. 바로 '25쪽 독서습관'이었다. 이것이 내 인생에 있어 작은 변화의 시작이었다.

독서를 통해 변화는 '지금' 시작되어야 한다는 걸 알게 되었다. 우리는 '성공'에만 집중한 나머지 현재의 '행복'을 포기한 채 미래의 노예로 살고 있다. 변화는 과거, 미래도 아닌 바로 이 순간에 있다. 편견을 버리는 만큼 삶은 달라진다. 평범한 맞벌이 아빠로 살아가던 내가 책을 통해 '변화'라는 두 글자를 알아가는 과정을 많은 분들과 함께 나누고 싶었다. 내가 이 책을 쓰게 된 이유다.

누구나 자신이 처한 현재 입장에서 매일매일 변화를 만날 수 있다. 그러기 위해서는 변명이 변해야만 한다. 거대하고 위대한 것만이 성공은 아니다. 지금 당신을 움직이게 만드는 작은 변화의 동력을 찾는다면 변화는 당신을 행복한 삶으로 움직이게 해줄 것이다.

_남 낙 현

CONTENTS

2년 · 변화는 항상 숨을 쉰다

3년 · 책이라는 지우개로 편견을 지워라

리딩 · 25쪽 독서, 책을 쪼개라

하 루

2 5 쪽

독 서 습 관

100일
…
내 인생의
새로운 탈출구

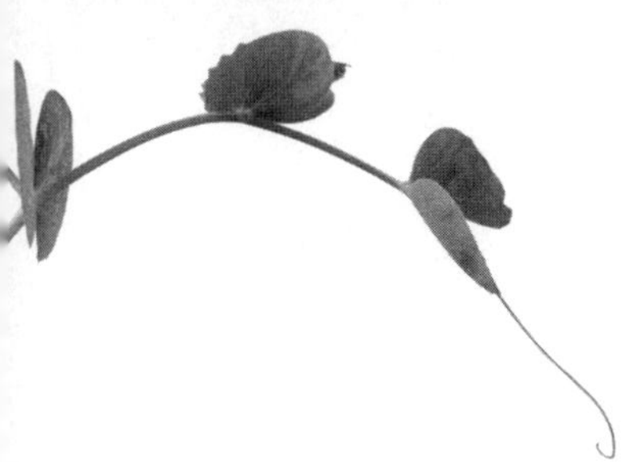

한 권의 책,
한 사람의 인생

"나는 지금 책을 발견했고 나는 정말로 살고 있다." - 아치 무어

"여보! 이거 한 번 읽어봐요."

"피곤한데 뭔 책? 당신이나 봐요."

"한 권의 책을 읽으면 한 사람의 인생을 공짜로 알 수 있대요."

"당신이나 읽어요. 내가 언제 책 읽는 거 봤어!"

퉁명스럽게 대답하고 돌아서는데 뒤통수에서 아내의 날카로운 목소리
가 날아온다.

"계속 이렇게 살고 싶어요?"

"이렇게 사는 게 어때서? 그럭저럭 남들처럼 살잖아."

지기 싫어 대꾸는 했지만 아내의 말에 머릿속이 자꾸 혼란스러워진다.
맞는 말이다. 변하지 않으면 지금의 생활도 유지하기 힘들어질 게 뻔하
다. 게다가 원하는 삶을 살아가는 건 더더욱 어려워질 것이다.

그 후로 한동안 아내의 책 읽는 모습을 무심히 지나쳤다. 아내는 평소
보다 책을 더 많이 읽었다. 아내가 근무하는 곳에 있는 작은 도서관에서

직접 도서를 선택하고 정리하는 업무도 그녀의 몫이었기 때문이다. 어쨌든 집에서 매일 독서하는 아내의 모습을 지켜보는 내 머릿속에는 "한 사람의 인생을 알 수 있다"는 말이 자꾸 맴돌고 있었다. 그렇게 일주일 정도 지났을 때 인터넷에서 본 에머슨의 글귀가 내 눈을 사로잡았다.

"좋은 책을 읽을 때면, 나는 3천 년도 더 사는 것 같이 생각된다."

그렇지! 무릎을 탁 쳤다. 사람의 인생을 마음껏 훔쳐보며 그 사람의 고뇌와 함께 변화되는 일상을 관찰하면 되겠구나. 책속에서 그 사람의 인생을 변화시킨 것을 찾아보면, 불안한 미래를 미리 살아보면서 해결책의 실마리를 찾을 수 있겠다는 생각이 들었다. 그 순간 가슴에 울림이 온다. 에머슨이 말한 것처럼 한 사람도 아니고 수많은 사람이 들려주는 변화를 찾는다면 더 확실한 해결책을 얻을 수 있겠다는 확신이 든다. 왜 진작 그 생각을 못했지, 죄 없는 머리를 구박해본다.

책읽기?

마음은 간절한데 몸은 괴롭다

마흔을 훌쩍 넘어 그렇게 책과 만났다. 그러나 막상 독서를 하려니 몸이 마음대로 따라주지 않는다. 부끄럽지만 책을 읽는다는 건 취미나 교양을 쌓는 것으로만 생각했다. 살아오면서 특별히 필요하다 느끼지 못했고, 무슨 일이든 몸으로 부딪치며 해결해야 한다는 생각을 갖고 있었다. 나는 '책을 읽어서 밥이 나오냐? 돈이 나오냐?'고 말하는 부류의 사람이었다.

돌이켜 생각하면 '밥이 나오냐? 돈이 나오냐?'는 말속에 답이 있었는데 그걸 몰랐던 것이다. 책속에서 한 사람 한 사람의 인생들을 살펴보고 자신만의 확신이 드는 길을 간다면, 밥도 돈도 될 수 있는데 엉뚱한 길을 가도 무조건 몸으로 부딪치려고만 했으니 좌절하는 경우가 많았다.

지난날 책을 어느 정도 읽었는지 솔직히 고백해보면, 나는 1년 동안 다섯 손가락을 다 구부리지 못할 정도의 독서량을 자랑하는 독서 초보 중에서도 왕 초보였다. 그렇게 습관이 들지 않은 상태에서 마음만 앞서 '변화'를 찾으려 하니 책 읽는 자체가 재미도 없고, 한 권의 책을 일주일이 지나도 다 읽지 못하는 경우가 많았다. 직장에서는 업무가 바빠서 못 보고, 퇴근하고 집에 돌아오면 TV가 말썽이었다. 나이가 들수록 드라마도 재미있어지니 책은 뒤로 밀려나기 일쑤였다. 늦은 밤 침대에 누워서 읽어볼까 하면 어느새 잠들어버렸고, 처음 책을 읽어보겠다는 떨림과는 다르게 나는 자꾸 책에 흥미를 잃어가고 있었다.

독서는 조용한 장소에서 해야 한다는 고정관념이 있다 보니 도통 책 볼 시간이 생기지 않았다. 지금 와서 돌이켜보면 별거 아니지만 그 당시 이건 꽤 심각한 문제였다. 그러다 궁여지책으로 선택한 방법이 '외출시 무조건 책을 들고 다니는 것'이었다. 죽이 되든 밥이 되든 손에서 놓지 않으면 언젠가는 책 읽는 게 습관이 되겠지, 생각했다.

'수불석권(手不釋卷).' 손에서 책을 놓지 아니하고 늘 글을 읽는 것이 별거 아니라고 나 자신에게 최면을 걸었다. 잘 읽지 못하더라도 그렇게 계속 책을 들고 다녔다. 운전할 때는 조수석에 친구처럼 앉혀 놓기까지 했다.

그러던 차에 천안과 아산에 대기업들이 내려오면서 하루가 다르게 출근길 정체가 심해졌다. 가다서다를 반복하면서 옆자리에 우두커니 타고 있는 책을 쳐다볼 때가 많아졌다. 지루함 속에 조금씩 차안에서 책을 읽기 시작했다. 신호를 기다릴 때 부담 없이 한두 장 읽는 게 재미가 있었다.

자동차에서
자투리 독서를 시작하다

행동이 반복되면 습관이 된다더니 나도 모르는 사이 신호를 기다릴 때면 무의식적으로 책을 읽게 되었다. 이상하게 차안에서 읽으면 내용도 잘 기억되고, 그 다음 이야기가 궁금해 오히려 신호에 걸리기를 바라기도 했다. 그러나 집에서는 도통 책이 눈에 들어오지 않는다.

유독 차안에서 책 읽는 즐거움을 알아가면서 장소가 점점 확장되어 갔다. 퇴근 후 집 주차장에서 차에 앉아 10분, 20분씩 책을 보는 일이 자주 생겼다.

"여보, 어디예요? 차는 아파트 주차장에서 봤는데?"

"어, 아직 차안에 있어요. 뭐 좀 생각하느라고."

책 보느라 그랬다면 믿지 않을 것 같아 얼렁뚱땅 둘러대기도 했다.

'자동차 독서'라고 해야 하나? '자투리 독서'라고 해야 하나? 책을 읽지 않아도 무조건 손에 들고 다닌 효과가 엉뚱하게도 자동차 안에서 시작된 것이다. 차에서 읽다보면 아파트 주차장에서 집까지 걸어오는 길에서도 책을 보게 된다. 한 달이 지나가며 몸에 습관처럼 배기 시작했다. 3주 정도 반복된 행동은 습관으로 바뀐다더니 맞는 말 같다.

"엘리베이터를 기다리는 틈틈이 책을 읽어보니 그 시간만으로 한 달에 한 권은 너끈히 읽었다."

《CEO 안철수, 영혼이 있는 승부》에서 안철수가 말한 자투리 시간 활용법이다.

걸음마를 시작하는 처지였지만 독서는 짧은 시간에도, 어느 공간에서도 가능하다는 걸 알게 되었다. 책을 읽는 데에 환경과 장소가 중요하다는 나의 작은 편견은 점점 사라져가고 있었다. 차안에서 시작된 독서를 통해 책과 나만의 세상에서 한 사람이 살아가는 인생을 듣는 시간이 늘어갔다. 짜릿한 감동을 느낄 때면 차에서 내려 아파트 주차장을 걸으면서도 책에 빠져들었고, 책읽기는 엘리베이터 공간까지 이어졌다. 그 이후로 집과 사무실에서도 책을 읽기 시작했다.

"한 권의 책을 읽으면 한 사람의 인생을 알 수 있다"는 아내의 말이 가슴에서 지워지기 전이었다. '변화'를 배우려는 독서의 걸음마를 나는 이렇게 시작했다.

아저씨!
책 좀 읽으시나 봐요

일상적으로 책을 들고 다니는 게 습관이 되면서 한 가지 나쁜 점이 생겼다. 운전을 하다 신호 대기에 걸리거나 정체될 때 한 장 두 장 읽는 재미에 빠져 주행중에도 한 손으로 운전하며 다른 한 손으로 무의식적으로 책을 보려 했다.

한번은 정체가 되어 책을 보다 앞차가 출발한 걸 모르고 있다가 뒷차의 경적에 놀라 출발했다. 마침 차선을 바꿔야 하는 상황이었는데 주위 상황에 집중력이 떨어져 뒤에서 달려오는 차를 보지 못해 사고로 이어질 뻔했다. 그 뒤로, 운전할 때만은 절대로 책을 보지 않는다. 그러나 그밖의 장소에서는 자투리 독서가 더 깊어졌다. 책을 보고 가다 주차장 기둥에 부딪쳐 무릎에 멍이 드는 일도 있었다.

민망하고 황당한 일도 있었다. 독서에 정신이 팔려 엘리베이터 안에서 버튼 누르는 것을 잊고 있다가 남의 집에 들어간 것이다. 엘리베이터 문이 열리고 책을 보며 집으로 들어가려는데 문이 열려 있었다. 아무 생각없이 신발을 벗다가 "누구세요?" 라는 소리에 고개를 들어보니 현관에서 올빼미처럼 눈이 동그래진 낯선 아주머니가 서 있었다. "아~ 죄송합니다." 정신을 차리고 둘러보니 남의 집이었다. 나는 엘리베이터를 타고 버튼 누르는 걸 깜빡했고, 때마침 위층 아주머니는 내려가려고 엘리베이터 버튼을 눌러놓고는 잊은 게 있어 집에 들어갔다 나오다가 낯선 남자가 태연하게 책을 보며 들어오는 걸 보고 깜짝 놀란 것이었다.

자투리 시간을 이용해 책에 몰입하다가 시간과 공간을 깜빡하는 일이 많아졌다.

주변 시선에 흔들리는
나 자신

아는 사람을 만나면 무의식적으로 책을 뒤로 감추게 된다. 짬짬이 읽는 즐거움에 빠진 건 좋은데 책을 보다 지인이 아는 척을 하면 무슨 부끄러운 짓을 하다 들킨 사람처럼 머쓱해진다. 그런 일이 자주 되풀이되면서 주위를 살피는 버릇이 생겼다. 한번은 사람들이 많은 엘리베이터에 타고 무심결에 문 앞 구석에 기대 책을 보고 있었다.

"아저씨, 책 좀 읽으시나 봐요."

누구를 보고 하는 말인가? 고개를 돌렸다. 등 뒤에 서 있던 젊은 아가씨가 엘리베이터에서 내리려 하는데 비켜주지 않는다고 비꼬아 한마디 한 것이다. 얼떨결에 비켜주고 다시 엘리베이터 문이 닫혔다. 두 층만 더 올라가면 내리는 곳인데 엿가락이 늘어나는 것처럼 시간이 길게 느껴지고 한 공간에 있는 사람들이 모두 나만 쳐다보고 있는 것 같아 얼굴이 화끈거렸다.

그 일이 있고 나서 급격하게 슬럼프가 찾아왔다. 남들에게는 별일 아닐 수 있겠지만 늦은 나이에 뭔 청승이냐, 하는 생각이 자꾸 들어 외출할 때 책을 들고 나가지 않았다. 알게 모르게 조금씩 읽던 것이 생각보다 책 읽는 것에 많은 영향을 미쳤던 것 같다. 주위 시선을 의식하기 시작하면서 책 읽는 게 시들해졌고, 결국 보름 정도 한 권의 책도 볼 수 없었다. 아니, 볼 수 없던 게 아니라 보기가 싫어졌다는 말이 맞을 것이다.

책을 읽어야 하는 이유

"대기가 없다면 새들이 더욱 빠르고 쉽게 날 수 있을 것이라고 생각할지도 모른다. 하지만 대기가 사라진 하늘을 날아야 한다면 새들은 그대로 땅에 떨어지고 말 것이다. 비행을 방해하는 공기가 모든 비행을 가능하게 하고 있는 것이다."

칸트의 말이다. 이 말 덕분에 나는 주위 시선에 대한 의식을 지워버릴 수 있었다. '대기가 없다면 새가 날 수 없듯' 주위 시선은 나 자신이 발전하기 위한 '대기'였던 것이다. 결국 남들 앞에서 책 읽는 것이 어색하고 부끄러운 게 아니었다. 저항에 대한 나 자신이 약했던 것뿐이다. 남의 시선에 흔들린다는 건 그만큼 자신이 작은 것이다.

시선을 툭 털어버리니 부끄럽고 창피했던 감정이 신기하리만큼 사라졌다. 이것이 독서의 위력인가 생각해본다. 생각을 바꾼 것밖에 없는데 이렇게 차이가 생기다니, 놀라웠다. 그 이후로 더 적극적으로 책을 읽기 시작했다. 지금의 사소한 일도 엄청난 간격이 있는데 더 큰 일은 어떨까 생각해보니, 책을 읽어야 하는 이유가 더 명확해져간다.

젊은 사람이 말한 것에 힘들어했고 그것이 처음에는 나 자신의 문제인지 모르고 주변의 영향에 휘둘리고 중심을 잃어버렸다. 지난날에는 시선이 외부 세상을 향해 있었고 힘든 일이 생기면 핑계를 먼저 찾았다. 이번 일을 계기로 나 자신을 돌아보게 되었다.

주위 사람이 바라보는 것 때문에 독서를 못한 것이 아니라 부끄러워하는 나 자신이 문제였듯이 해결의 실마리는 결국 내안에 있었다.

수건위에
놓인 책

"가시에 찔리지 않고는 장미꽃을 꺾을 수 없다." - 필레이

"오늘 시합, 다치지 말고 이겨보자!"

주장의 말에 선수들이 함성을 지른다. 주심의 휘슬이 울리자 공이 구른다. 남산만한 배를 앞세우며 상대가 공을 몰고 뛰어온다. 대머리 선수는 머리카락이 없어 빨리 뛰고 있는 건지 천천히 뛰는 건지 구분을 할 수 없다.

10년 전부터 취미로 시작한 조기축구. 젊었을 때 날렵하던 그 몸매는 어디로 갔는지 배불뚝이가 된 사람, 헤딩을 많이 한 죄로 머리숱이 간벌한 것처럼 숡아진 사람, 같이 운동하는 동료들의 모습을 보며 내 모습을 가늠해본다.

마흔, 인생의 반환점, 2막의 삶… 등 표현도 다양하다. 사회에서 반환점을 돌아 뛰는 위치에 있듯이 축구장에서도 비슷한 모습이 나타난다. 2,30대와 몸을 부딪쳐보면 마음은 아직도 투지가 넘치는데 생각과 다르게 젊은 체력을 따라잡기가 힘들다. 다행이 축구시합은 나이별로 제한되어 있어 20대부터 40대까지 다양한 연령층이 섞여 운동을 한다.

축구를 10년 이상 계속 할 수 있었던 이유 중 하나는 뛸 때만은 나이를 잊을 수 있어서였다. 둥근 공이 움직이기 시작하면 모든 정신이 경기에 몰입된다. 주심이 종료 휘슬을 불기 전까지는 공과 나 그리고 선수들의 거친 숨소리만이 존재한다. 아마도 책읽기를 축구 경기처럼 몰입할 수 있다면 독서 고수가 되는 것은 시간문제일 것 같다.

어느새 30분이 지나가고 주심이 전반전 종료를 알린다. 유니폼이 땀에 흠뻑 젖어 숨을 몰아쉬고 있는 것을 힐끔 쳐다보고 간 감독이 후반전은 젊은 회원과 교체시켜 준다. 벤치에 앉아 흐르는 땀을 닦으려 수건을 가방에서 꺼내려는데 유니폼 사이로 읽고 있던 책이 삐죽이 나온다. 그걸 보니 자투리 독서 병이 도진다. 운동장에서 말이다. 다음 경기까지 40분 정도 여유가 있다. 틈만 나면 책을 보는 습관 덕분에 주위를 둘러보는 습관도 생겼다. 운동장 벤치에 앉아 책을 보려니 생뚱맞은 것 같기도 하다. 혹시 회원들이 외계인으로 볼지도 모른다는 생각에 슬그머니 구석진 나무 아래로 갔다. 손과 유니폼에 땀이 식지 않아 책을 만진 부분에 물기가 번진다. 할 수 없이 수건위에 책을 올려놓고 책의 세상으로 들어간다.

축구장에서 만나는

책 세상

시련은 누구에게나 다가오며, 크든 작든 수시로 예고 없이 다가온다. 피할 수 있다면 피하고 싶은 게 사람 마음이다. 그러나 시련을 바라보는 시선에 따라 어떤 이에게는 고통으로만 느껴지고 또 다른 사람에게는 희망의 계기가 되어주기도 한다.

"그런 눈빛으로 보지 마, 다시 일어날 거야."

두 개의 심장을 가진 사나이로 불리는 박지성 선수가 쓴《나를 버리다》에 나오는 말이다. 축구 선수로 한국에서 그의 인기는 최고라고 자신 있게 말할 정도로 많은 사랑을 받고 있다. 작은 체구에도 불구하고 유럽의 선수들과 당당히 맞선다. 스포트라이트를 받는 그에게도 시련은 그냥 지나쳐가지 않았다. 경기장에서 쓰러지고, 슬럼프에 빠지고, 부상을 당해 힘들어할 때 그는 시련 속에 희망이 있다는 것을 보여준다.

챔피언스리그 준결승까지 경기도 잘했다. 한참 상승세를 타고 있어 컨디션에 문제가 없었다. 2008년 5월, 드디어 첼시와 챔피언스리그 결승전에서 만났다. 그러나 그는 출전 명단에 들어가지 못해 충격에 빠진다. 평생 한번 뿐일지도 모르는 기회였는데 퍼거슨 감독은 그의 결정력 때문에 출전을 시킬 수 없었다고 말한다. 박지성은 운동장이 아닌 관중들이 있는 곳에서 경기를 지켜봐야 했다. 그는 거기에서 주저앉아 멈춘 것이다. 그에게 시련이란 어떤 것일까?

그는 말한다.

"우선, 나 자신을 위로했습니다. 시련을 넘을 때마다 언제나 그랬듯 이번에도 긍정의 힘을 믿었습니다."

체구가 작아 상대와 부딪치면 자주 넘어졌다. 그러나 그는 오뚝이처럼 다시 일어났다. 시련이 그를 붙잡아도 그는 긍정적으로 현실을 바라봤다. 그리고 1년 뒤 다시 챔피언스리그 결승전에 당당히 주전으로 나선다.

"패배의 원인을 내 안에서 찾으면 패배의 이유가 되지만, 다른 곳에서 찾으면 패배자의 변명일 뿐이다."

맨체스터 유나이티드의 영원한 주장 로이 킨의 말이다. 맞는 말이다. 내 안에서 원인을 찾는다는 것은 용기가 필요하다. 사람들의 시선을 의식하면서 책을 읽지 못한 원인도 나 자신에게 있었다. 어쩌면 나를 돌아보지 않고는 시련은 극복할 수 없을 것이다. 박지성 선수가 시련을 대하는 자세를 내 마음에 새겨야 했다.

시련을 대하는 자세

'나는 시련을 어떻게 대하고 있었나?'

나는 시련이 닥치면 도망가기 바빴다. 자괴감에 빠지고 불평불만을 다른 사람들에게 했었다. 그러나 서서히 생각이 변하기 시작했다. 다가오면 당당히 부딪쳐보자. 뒤돌아보지 말고 지금의 현실을 직시하자. 넘어져도 나 자신을 믿고 긍정적으로 사고하자. 그리고 다시 일어나면 된다. 시련을 겪으며 희망을 찾아낼 수 있어야 한다. 결국 어려운 상황을 이길 수 있게 해준 건 희망이었다. 다시 일어나 뛰면 기회가 다가온다. 그 힘의 동력은 희망을 찾으려는 긍정의 자세다.

"다시 일어날 거야." 박지성 선수가 말한 것처럼 중요한 건 현재의 태도다. 시련에 당당히 맞설 수 있는 것은 각자가 무엇을 바라볼 것이냐의 문제다. 지금껏 알고 있던 시련을 다른 사고로 바라볼 수 있는 힘이 생겼다. 책에서 말하는 공통점은 힘든 상황에서도 희망을 찾았다는 것이다.

《사흘만 볼 수 있다면》에서 헬렌 켈러는 말한다.

"나는 장님이기 때문에, 앞이 잘 보이는 사람들에게 한 가지 힌트—시각이란 선물을 받은 사람들에게 그것을 가장 잘 사용하는 방법을 알려드릴 수 있답니다. 내일 갑자기 장님이 될 사람처럼 여러분의 눈을 사용하십시오."

시련을 넘어 현재를 어떻게 살아가야 하는지… 헬렌 켈러의 말을 다시 곱씹어본다.

후반전 경기를 마치는 주심의 휘슬이 길게 울린다. 주변에서 다음 경기를 위해 선수들을 부르는 소리가 들린다. 나무 그늘에서 일어났다.

책의 세상에서 나와 운동장으로 향하며 전반전 경기 때와는 다른 사람이 되어 발걸음을 딛는다.

저 철새도
나만큼 날아다녔을까?

"결코 끌 수 없는 열정으로 삶을 살아라." - 셰익스피어

그동안 주로 아내가 빌려온 책을 읽었다. 재미있는 책도 있었고 가슴 찡한 책도 있었다. 줄을 쳐두고 두고두고 보고 싶은 구절들도 있었다. 서서히 불편한 점이 생기기 시작했다. 무엇보다 들고 다니며 읽다 보면 구겨지거나 더러운 것이 묻을까 조심스러웠다. 빌려온 책이니 깨끗이 보고 반납하기 바빴다.

3개월 정도 책과 친해지다 보니 슬슬 욕심이 생긴다. 큰마음 먹고 인터넷 서점에 책을 주문했다. 택배로 온 열 권의 낯선 손님이 집에 도착했다. 그렇게 열 권의 책과 살게 되었다. 거실 한구석에 3단 책꽂이를 놓았다. 나란히 세워진 책들이 나를 부르는 착각에 빠진다.

아무도 손대지 않은 새 책을 펼쳐들었다. 손끝에 전해오는 빳빳한 종이의 질감이 좋다. 새 책 특유의 잉크 냄새가 코끝을 찌른다. 마음껏 줄도 치고, 좋은 문장이 있는 페이지는 접어놓으며 독서에 빠져들었다. 그렇게 열 권의 책 중에서 밑줄을 그은 한 문장이 내게 다가왔다. 너무 강렬해서 머릿속을 떠나지 않았다.

"저 철새도 나만큼 날아다닐까?"

치열한 삶에 대해
생각해보다

"충주에서 가락동 경매시장을 거쳐 쌈밥집 다섯 곳을 다니다 보니 하루 주행거리도 만만치 않았다. 하룻밤 서울을 다녀오면 300km는 우스웠다. 웬만한 택시 운전기사의 주행거리를 웃돌았다. 얼마나 서울을 오고 갔는지 하루는 떼 지어 나는 기러기를 보며 이런 생각도 들었다. 저 철새도 나만큼 날아다닐까?"

《상추 CEO》에 나오는 문장을 보고 충격에 빠져 책을 덮었다. 다음 페이지를 읽을 수가 없었다. 무엇이 저렇게 치열한 삶을 살 수 있게 했을까? 그의 노력과 열정이 어느 정도인지 피부로 느끼며 그가 처한 환경에서의 절실한 마음과 행동을 함께 호흡하려 하니 나 자신이 부끄럽다는 생각이 들었다.

책 내용은 이렇다. 저자인 류근모 사장은 1997년 IMF때 40대의 나이에 사업실패를 겪는다. 이후 시골에 내려가 낮에는 농사를 짓고 밤에는 쌈채소를 충주에서 가락동시장, 쌈밥집에 배달했다. 하루 서너 시간씩 자며 초인적 생활을 한 결과, 상추농사로 13년 만에 매출 100억대 유기농 기업을 일구어낸다.

'치열함.' 겪어보지 못한 말이었다. 내가 상상하는 치열함과는 강도가 달랐다. '열심히 노력하면 이룰 수 있다'라는 말과도 차원이 달랐다. 온 몸을 던져야 하는구나. 그는 사람들이 잠든 사이에도 깨어 있었고 자신의 모든 것을 던져 하루의 삶이 마지막인 것처럼 혼신의 힘을 다해 노력한다.

날아가는 철새를 보며 나는 어떤 생각을 할까? 과연 그와 같은 말을 할 수 있을 정도로 살아본 적이 있었던가? 나 자신에게 질문을 던져보았지만 고개를 저을 수밖에 없었다. 그가 느끼는 치열함이 어떤 것인지를 모르고 살아온 게 부끄러웠다. 생활이 변하지 않는다고 불평하며 윤택한 삶을 살고 싶다고 하늘을 보며 넋두리를 했었다. 그러나 그건 소망일 뿐이었다.

그의 삶은 우리가 생각하는 '열심히 노력하는' 삶과 차원이 많이 달랐다. 한 걸음씩 나아가면서도 현실에 안주하지 않고, 타협하지 않는 치열함으로 매 순간을 살아간다. 그런 그에게 또 한 번의 위기가 닥친다. 자동차가 쉼 없이 질주하다 과열로 멈추듯 급성심근경색으로 쓰러진 그는 병원에 실려가 수술을 받게 된다.

"그래, 지금 죽는다 해도 일에 대해서는 정말 미련이 없다. 사람으로 태어나서 이만큼 열심히 일할 수는 없을 거야. 일만큼은 최선을 다했어."

위험한 상황에서 이런 말을 할 수 있다니, 도통 감을 잡을 수 없다. 죽음 앞에서 일에 대해서 미련이 없다고 생각하는 그의 마음을 다 이해할 수가 없었다. '감동을 느꼈다'라고 말하기도 혼란스러웠다. 죽음 앞에서 "후회 없는 삶을 살았다"고 자신 있게 말할 수 있다면 세상 무엇이 부럽단 말인가!

뜨뜻미지근한 마음으로 일을 하고 있는 나 자신의 현재 모습이 적나라하게 보인다. 심장이 뜨겁게 뛰도록 일을 해본 적이 없어 그의 생각과 마음을 담으려니 혼란스럽기만 하다. 그래도 그와 같이 매순간을 치열함과 열정으로 지내야 미련이 생기지 않는다는 걸 가슴에 선명하게 새겨본다.

늦게 뜨는 해를 원망할 정도로 일에 몰입하던 그는 또 말한다.

"급성심근경색으로 쓰러지기 전까지는 자나깨나 일뿐이었다. 내가 웃는 것도 채소 때문이었고, 우는 것도 채소 때문이었다. 목표를 한번 정하면 먹지 않아도 배고프지 않고, 잠을 자지 않아도 졸리지 않고, 오직 일만 생각하는 성격 탓에 어떤 날은 새벽 3시에 일어나서 '왜' 이렇게 해가 안 뜨는 거야, 하고 늦게 뜨는 해를 원망한 적이 한두 번이 아니다.

뿐만 아니라 귀농 후 지금까지 다섯 시간 이상 자본 적이 거의 없고, 남들 다 간다는 여름휴가도 10년째 가본 적이 없었다. 남들은 1년에 20,000km를 주행한다지만 나는 한 달 주행거리가 12,000km였다."

그가 들려주는 열정은 최선을 다한다는 말로는 설명할 수 없다. 그것은 '혼을 다한 태도'에서 나온 것이다.

농부는
더 많이 책을 읽어야 한다

그의 삶에 푹 빠져 책을 읽다가 또 눈이 번쩍 뜨이는 문구를 만났다.

"농부가 책을 읽으면 상추가 잘 자란다."

그가 말하는 책읽기는 단순히 지식을 얻기 위한 독서를 말하는 게 아니었다. 그는 "많은 책을 보며 공부하는 것은 농부도 예외일 수 없고, 자신의 분야에서 최고가 되겠다고 마음먹은 사람이 어찌 책 한 권 읽지 않을 수 있겠는가"라고 말한다. 책을 읽어야 하는 건 어쩌면 후회 없는 삶을 살기 위해 필수적인 일이다. 그는 또 말한다.

"농부가 공부하고, 스스로 변신을 꾀해야 숨 가쁘게 변모하는 이 세상에서 생존할 수 있다."

사업을 하며 가장 많이 부딪친 것은 '편견'과의 싸움이었다는 그의 말을 들으며, 독서를 통해 내 안의 편견을 깨뜨려야겠다는 생각을 했다.

책을 읽는 건 취미나 지식을 얻기 위해서만이 아니다. 후회 없는 삶을 살아내기 위해서도 필요하지만, 책은 생존을 위해서 반드시 필요하다.

일도양단 一刀兩斷

　책을 읽기 시작한 지 100일 정도 지나니, 이젠 제법 읽는 습관이 들어간다. 출근을 할 때나 밖에 나갈 때는 가방에 책을 한 권 먼저 넣어두는 버릇이 생겼다. 한번은 약속시간보다 일찍 도착해서 가방 속에 있는 책을 찾았다. 아뿔싸! 아침에 정신없이 나오면서 현관 앞에 두고 나왔구나! 어린아이가 집에 사탕을 두고 나온 것처럼 하루 종일 일이 손에 잡히지 않았다. 그러고 보니 나는 어느새 일상에서의 자투리 시간에는 무의식적으로 책을 읽으려 하고 있었다.

　책을 보기 시작하면서 집안에도 작은 변화들이 일어나고 있다. 한 달 정도 먼저 책을 보기 시작한 아내가 한밤중에 싱크대 앞에 앉아 뭐가 그리 재미있는지 깔깔거리며 읽고 있다.

　그러나 한편으로는 의심이 불쑥불쑥 고개를 내밀 때가 많았다. 과연 변할 수 있을까? 책을 읽는다고 해서 기약 없는 미래에 원하는 것을 얻을 수 있을까? 성공은 대부분의 평범한 사람이 아닌 소수에게만 해당된다.

책은 '누구나 성공할 수 있다'고 말하지만 현실은 소수의 사람만이 성공한다는 걸 적나라하게 보여준다. 노력하는 사람이 게으른 사람보다 더 많은 기회를 잡겠지만 노력하는 사람 중에도 경쟁에서 밀려나는 사람이 더 많다는 걸 알고 있지 않은가.

독서를 하면서 한편으로는 책속에서 들려주는 성공자의 말에 내가 너무 현혹되고 있는 건 아닌가 하는 의심이 들기도 했다. 그들은 노력이든 운이든 무엇인가를 통해 화려한 삶을 살아간다. 과연 평범한 직장에 다니며 고작 책을 매일 들고 다니며 보고 있는 것, 또 가슴에 와 닿는 글을 보며 좋아하는 것, 이런 것 덕분에 내 인생이 바뀐단 말인가.

더딘 마음과 욕심이 앞서면서 내면에서 엉뚱한 질문이 들려온다.

'현실이 변했니?'

책을 읽어서
현실이 변했니?

한순간에 들려온 내면의 소리에 당황스러웠다. 직선에 가까운 답을 나 자신에게 들려줘야 했다. 갑자기 큰 바위가 떡하니 앞에 나타나 버티고 있는 것 같다. 부정적인 생각이 물밀 듯 밀려오며 의심의 크기는 커져만 간다. 직장 다니면서 바쁜 시간 쪼개가며 책에서 답을 찾았던 결과가 고작 이거였나! 의심의 바위가 집채만 하게 커지더니 사정없이 머리에 떨어진다. 납작한 오징어가 돼버렸다. 책에 오만정이 뚝 떨어졌다.

매일 꾸준히 읽어라. 탐욕스러운 사람처럼 책을 대해라. 다독해라. 정독해라. 교과서 같은 말들이 머릿속을 맴돈다.

'20대도 아니고 이 나이에 뭔 청승이냐. 책은 그냥 책이다.' 재미삼아 읽어야 했다. 욕심이 과했다고 치부해버렸다. 삶을 변화시키는 기적은 아무에게나 오지 않을 것이다. 그날부터 한 줄의 글도 눈에 들어오지 않는다. 아니 책을 들고 다니지도 않았고, 한숨만 나왔다. 새로 사귄 친구와 갑자기 절교한 기분이다.

3개월 동안 책이 좋아졌었고, 직장에서나 집에서 꼭 필요한 일을 제외하고는 온통 책과 함께 있었다. TV시청보다 자주 책을 만났고 길을 걸으면서도 항상 함께했다. 그러나 한 번 떨어진 정은 회복하기가 힘들었다. 거의 일주일을 책 세계와 단절된 생활을 했다. 그간 미뤄두었던 친구들과의 술자리도 갖고, 평소 하던 일들을 자연스럽게 다시 하고 있었다.

미워진 만큼 미련도 많다고 하던가? 손에서 책을 놓은 후부터 내 머릿속은 복잡한 생각으로 가득차기 시작했다.

'현실이 변했니?'

한 번 누르면 무한 반복되는 카세트처럼 똑같은 질문에 노이로제가 걸릴 판이었다. 다시 기억을 더듬었다. "한 권의 책에 한 사람의 인생이 담겨 있대요." 아내가 전해준 책과의 만남이 떠올랐다. 그 사람이 들려주는 삶을 통해 무엇인가를 얻고 싶었다. 그래서 평범한 직장인의 생활에서 벗어날 기회를 얻고 싶었다. 그렇게 책을 들었다.

'뭐가 잘못된 거지?'

'질문을 잘못했나?'

'여하간 변한 건 없잖아. 솔직해지자.'

일주일 간 수백 번 생각이 반복됐다. 지칠 대로 지친 상태에서 생각을 하지 않으려 마음을 고쳐먹었다. 질문에 대한 답을 포기해버렸더니 매달려 있을 때에는 몰랐던 걸 알게 되었다. '현실이 변하는 게 먼저인가?'라는 질문에서 '내가 변하는 게 먼저인가?'라는 질문으로 순식간에 바뀌어버린 것이었다. 그 순간, 질문의 순서가 잘못되었다는 걸 알았다. '나는 변했는가?'를 먼저 물었어야 했다. '그래서 현실이 변했니?'는 그 뒤에 물어볼 말이었다. 책을 읽으면 성공해야 한다는 조급함 때문에 나는 문제의 본질을 보지 못하고 있었다.

질문의 순서를
바꿔보다

이후 생각에 큰 전환이 일어났다. 책이 들려준 시련에 대해 나는 변하고 있는가? 행복에 대해 나는 변하고 있는가? 성공에 대해 나는 변하고 있는가? 모든 질문은 '나는 변하고 있는가?'로 돌아왔다.

질문을 해야 답이 나온다. 그리고 질문이 정확해야 원하는 답을 얻을 수 있다. 다시 책을 들었다. 알게 모르게 조급했던 집착을 내려놓았다. 그저 책이 들려주는 변화의 진실이 무엇인지 어린아이처럼 들으려 했다. 까만 글이 선명하게 새겨지도록 하얀 백지가 되자. 마음을 내려놓고 온전히 책을 보기 시작했다. 많은 것을 얻으려 집착하지 않으니 오히려 더 많은 것이 보이고 들리기 시작한다. 욕심을 버린다는 것이 무엇인지 조금 알 것 같다.

법정 스님의 《산방한담》에 나오는 일도양단(一刀兩斷). 한 생각 크게 돌이키고 났을 때의 그 홀가분함.

"우리들이 무엇인가 집착을 할 때, 그것이 우리들의 자유를 얽어매는 사슬이 되어 자기실현을 방해한다. 그러다가 일도양단(一刀兩斷), 한 생각 크게 돌이키고 났을 때의 그 홀가분함을 우리는 크고 작은 경험을 통해 익히 알고 있다."

일주일 동안 치열하게 싸운 고민을 떨어내고 나니 기분이 홀가분하다. 오히려 책을 멀리한 시간을 통해 삶을 변화시킬 수 있는 건 독서를 통한 길이 최선이라는 확신이 생긴다.

책을 읽으며 그 사람들의 인생을 통해 내가 가지고 있는 편견을 하나씩 들추어낸다. 그리고 편견이 허물어진 그 곳에 나를 변화시킬 힘이 자리할 것이다.

독서를 하며 한 번, 큰 그릇에 고인 의심의 물을 확 쏟아버린 기분이다.

1년
…
변명이
변해야
변한다

25쪽 읽기의 힘

카카오톡으로 게임신청에 초대가 된다. 아이 어른 할 것 없이 수시로 보내는 걸 보니 재미가 있긴 있나 보다. 거리를 걷다 보면 스마트폰 게임에 빠진 사람들을 자주 볼 수 있다. 그들은 주위를 의식하지도 않고 장소도 가리지 않는다.

커피숍에서 있었던 일이다. 연인으로 보이는 두 남녀가 대화 한마디 없이 각자 스마트폰을 보며 게임에 빠져 있었다. 얼마나 재미있으면 저럴까…. 문득 '손에 든 저 폰이 책이었으면 좋겠다'는 엉뚱한 생각이 들었다. 읽고 있던《난중일기》를 바라보며 나는 '이 두툼한 책을 스마트폰으로 만드는 방법이 없을까?' 생각해봤다. 있다면 이순신 장군도 놀라실 것 같아 피식 웃었다. 분량이 800쪽이다. 원문을 빼고도 500쪽 가량 되니 일주일이 지났는데 절반도 못 읽었다.

이상하게 얇은 책은 아껴서 읽으려 해도 더 빨리 읽혀지고, 두꺼운 책은 생각보다 시간이 더 걸린다. 머피의 법칙도 아닌데 일단 두툼한 책을 보면 주눅부터 들어 멀리하게 된다. 커피를 마시며 다시 책을 펼쳤는데 문득 게임하듯 책을 읽으면 어떨까? 하는 영감이 떠올랐다. 그래! 뇌를 속여보자! 뇌는 상상과 현실을 구분하지 못한다고 한다. 레몬을 보기만 해도 입안에 침이 고이는 것처럼 말이다.

'책을 얇게 만들면 문제는 해결되겠구나' 싶었다. '얇은 책과 두꺼운 책' 중 어느 걸 선택할 것인가 물어보면 대부분 얇은 책을 택할 것이다.

《난중일기》를 읽으면서 솔직히 즐기지 못하고 있었다. 분량에 압도되어 읽는 도중에도 어디를 읽고 있는지 모를 때가 있었다. 거기에다 틈틈이 시간 날 때마다 독서를 하니 리듬이 자주 끊겨 의욕까지 꺾이곤 했다. 여유롭게 볼 시간도 없는 상황에서 한 권을 한 호흡에 읽으려는 욕심까지 더해지니 평소보다 두 배 이상 힘이 들었다.

독서란 창조적인 활동이다. 같은 조건이라면 더 효과적이고 창의적으로 읽는 것이 좋을 것이다. 책 한 권의 분량을 적게 만들면 어떨까, 한참을 궁리하다 문득 이런 생각이 떠올랐다.

'그래, 한 권을 쪼개자.'

한 권을 통째로 읽으려 하니 숨만 더 찬다. 내 맘대로 한 권의 기준을 바꾼다고 시비걸 사람도 없지 않은가. 50페이지 정도를 목표로 읽고 그것으로 한 권을 읽었다고 생각하자.

내친김에 커피숍에 앉아 들고 있던 책에 적용해보았다. 하지만 중간 정도 읽다보니 잡념이 생겼다. 조금 더 줄여볼까? 몰입을 할 수 있을 정도로 파격적으로 줄이자는 생각과 함께 그후 몇 차례 더 적용해본 결과 25쪽이 현재 수준에는 적정한 분량이라는 결론이 나왔다.

대부분의 책이 250쪽 정도 되므로, 한 권의 책을 25쪽씩 나누면 열 권의 얇은 책을 읽는 셈이 된다. 다 읽은 후에는 나에게 칭찬을 해주었다. 이 전략은 바쁜 일상을 사는 나에게 잘 맞는 옷을 입은 것 같은 훌륭한 책읽기 방법이 되어주었다.

자투리 시간을 이용해 25페이지를 목표로 시도하니 책이 잘 넘어간다. 구체적 목표도 정해져 있어 의욕도 생겼다. 한 권의 분량을 적게 정하니 의욕도 생겼고, 그보다 더 큰 수확도 얻었다. 25쪽을 읽는 동안 집중력이 두 배 이상 좋아진 것이다. 한 호흡에 읽을 수 있는 분량이어서 가급적 다른 것에 신경 쓰지 않고 오롯이 정신을 집중할 수 있게 됐다. 25페이지씩 끊어 읽는 것을 나는 '25쪽 독서'라고 하는데, 이 방법은 나의 독서수준을 한 단계 높게 도약시켜 주었다.

처음 시작할 때에는 25페이지도 몰입하며 읽을 수 없어 두 번에 걸쳐 나누어 읽었다. 그러나 3일 만에 한 번에 읽을 수 있게 되었다. '두꺼운 책을 얇게 바꾸자'라고 생각에 변화를 준 것 뿐인데 한 달 정도 지나면서 신기한 일이 벌어졌다. 하루 한 권 읽는 것이 가능해진 것이다. 뇌가 속아

줄 정도가 아니라 칭찬까지 듣더니 바보처럼 좋아했다. 하루 한 권, 아니 두세 권 이상 책을 읽을 수 있는 능력이 생긴 것은 이때부터였다.

게임하듯 읽으니 재미도 있었고, 내용의 이해도 좋아졌다. 시간이 지날수록 효과는 대단했다. 직원들과 회식을 하며 거하게 취해 집에 돌아와서 취중에도 25페이지를 읽고 책을 덮는 내 모습에 당황한 적도 있다. 그 후로도 25쪽 책읽기의 위력은 대단했다.

생각을 바꾸면
행동이 달라진다

'왜' 생각을 바꾸었더니 책 읽는 것이 쉬워졌을까? 나름 분석을 해본다.

첫째, 잘게 쪼개기 때문이다.

책을 즐기며 읽을 수 있으려면 어느 정도 내공이 생겨야 한다. 부담감이 크면 도중에 책을 놓아버리기 쉽다. 목표를 작게 잡으면 부담감도 없앨 수 있고, 계획을 쉽게 자주 달성하면 자신감도 생긴다.

책에서 배운 것을 운동에 적용해보았다. 줄넘기를 매일 하자고 계획을 세웠지만 하루도 못 가서 실패. 그러다 한 번에 100개씩! 하루 3회!로 정하고 일주일을 넘게 실천했다. 집이든 회사든 시간과 장소를 가리지 않고 '한 번에 100개'에만 집중했다. 힘들지도 않았고 쉽게 할 수 있었다.

둘째, 욕심을 부리지 않았기 때문이다.

잘게 나누어 읽으니 확실히 욕심이 적어지고 겸손함이 생긴다. 25페이지를 읽고 난 뒤 한 번 생각을 정리하게 된다. 한 권의 책을 읽는데 치중

하며 생각을 소화시키지 못하고 수박 겉핥기식으로 독서를 하는 것보다
조금 느린 것 같지만 오히려 빠른 것이다.

셋째, 생각이 바뀌면 행동도 따라간다.

행동이 바뀌려면 생각이 바뀌어야 한다. 생각이 바뀌어야 행동이 바뀌
고, 행동이 바뀌어야 습관이 바뀌고, 습관이 바뀌면 운명도 바꿀 수 있다
고 한다.

모든 출발점은 생각이다. 많은 책에서 강조하는 내용도 결국엔 '변화
의 시작은 생각을 바꾸는 데서 출발한다'는 것이다. 생각이 먼저 바뀌어
야 행동을 바꿀 수 있다.

작은 것을 제대로 볼 줄 알아야 큰 것도 볼 수 있다. 작게 나누어 읽기
전에는 책에서 말하는 '끝까지 노력해라' '될 때까지 해라' 하는 말들이
상투적으로 들렸다. 머리로는 이해가 되는데 생활에서 적용하기엔 어려
웠다. 그러나 25쪽 책읽기를 할수록 현재의 작은 행동 하나하나가 나 자
신을 변화시키는 씨앗이 된다는 것을 선명하게 느낀다.

**게임을 즐기는 사람들처럼 독서도 재미있게 하면 어떨까? 25쪽 독서에는 힘
이 있다.**

TV와의
세 번의 싸움

"책이 없는 방은 영혼이 없는 육체와 같다." - 키케로

TV와 세 번의 싸움이 있었다.

첫 번째 싸움. 바쁜 일상에 책을 읽으려니 방해가 많다. 아이들도 그중 하나다. 집안일도 그렇다. 회사 업무에 바빠서 몸이 지치는 것도 방해꾼이다. 그중 가장 최고의 방해꾼은 뭐니 뭐니 해도 TV다. 아이들 시험기간을 이용해 시청을 줄여보기도 하지만 재미있는 책에 빠져들다가도 TV의 위력 앞에서는 속수무책이다. 결단을 내려야 했다.

한밤중이었다. 고민 끝에 혼자 거대한 덩치와 씨름하며 거실 베란다 밖으로 TV를 내다 놓았다. 다음날, 든 자리는 몰라도 난 자리는 안다더니 하루 종일 아이들 항의에 시달렸다.

"아빠, 친구들과 이야기할 게 없어요."

큰 녀석의 말에 은근히 걱정이 된다. 혹 또래 아이들과 가수, 연예인, 재미있는 프로그램 내용을 이야기할 때 소통이 안 돼 소외되면 어쩌나 하는 생각이 든다. 하는 수 없이 다시 낑낑거리며 비아냥거리며 웃고 있는 것 같은 녀석을 거실 보금자리로 복귀시켰다.

두 번째 싸움. 책이 200권 정도 책장에 쌓여갈 때 큰맘 먹고 다시 베란다로 쫓아보냈다. 또 질까봐 TV가 있던 곳에 책장을 하나 추가해 놓았다. 또 아이들의 항의가 이어졌다. 단호하게 안 된다고 말했다.

"평일에는 안 볼게요. 주말에는 보여주세요."

평일에 시청하지 않는 조건을 내밀며 일요일에만 보게 해달라는 것이다. TV가 거실에 있는 한 아무리 안 보려 해도 소용없다. 며칠이 지나면 평소처럼 시청할 게 뻔하다. 통닭까지 시켜주면서 아이들을 설득했다. 평일이 무사히 지나가고 주말이 돌아왔다. 문제는 개그콘서트였다. 일요일 저녁 아이들이 노래를 부른다. 어른도 보고 싶은데 오죽하랴. 일주일 만에 두 번째 패배였다. 막상 다시 제자리로 가져다 놓으려니 미리 놓아둔 책장을 치우는 일도 쉽지 않다.

세 번째 싸움. 일요일 저녁 프로만 보겠다는 약속은 시간이 지날수록 흐지부지 되다가 원점으로 돌아가고 말았다. 다시 예전처럼 평일에도 TV를 보고 있었다. 이건 아닌 것 같아 가족회의를 했다. 집에 두면 계속 보고 싶어지니 TV를 할머니댁에 갖다드리자고 제안했다. 대신 할머니댁에 가서는 마음껏 볼 수 있다는 조건을 걸었다. 2,3주에 한 번은 실컷 볼 수 있다는 생각에 아이들도 찬성했다.

책을 읽기 시작하고 가장 잘한 일 같다. 일단 TV를 보기 시작하면 어른도 자신도 모르게 자제심을 잃고 시간관념이 없어진다. 뉴스 잠깐 본 것 같은데도 30분이 훌쩍 사라진다. 드라마는 중독성이 심해 한 편 보면 종

영될 때까지 빠져드는 부작용을 겪는다. 그리고 더 심각한 건 머리에 잔상이 남아 책 읽는 것을 방해한다는 것이다.

TV없는 거실에서
책 넘기는 소리가 들리다

TV가 할머니댁으로 이사를 가고 나니 집안이 조용해졌다. 라디오를 듣는 시간이 많아졌다. 처음에는 뉴스를 듣다가 시간이 흐르며 자연스럽게 클래식 음악을 자주 듣게 되었다. 음악에 조예는 없지만 클래식을 들으면 마음이 차분해진다.

"아빠, 제가 가벼워진 기분이에요"라고 딸아이가 말한다. 신기하게 시간이 흐를수록 아이들도 음악 듣는 걸 좋아한다. 라디오를 듣다 보면 다른 채널을 돌려놓아도 클래식 음악이 흐르는 곳에서 고정된다. TV에 빼앗겼던 시간을 되찾고 나서 가정에 대화도 많아졌다.

TV가 없는 공간은 그야말로 책읽기에 최적의 조건이다. 뿐만 아니라 책 읽는 속도에도 가속이 붙는다. 조용한 공간에서 온 식구가 독서를 하고 있을 때도 있다. 집안에 기적 같은 변화가 찾아온 것이다. 한 달 정도 지나자 집안 분위기가 안정되어 가고, 언제 TV가 있었는지 잊어버리게 되었다.

아이들이 또래들과 의사소통에 문제가 있을까 은근히 걱정을 했었는데, 다행이 친구들과 어울리며 어떠한 문제도 없었다. 그 이후로 저녁에 두세 시간 정도 책을 읽을 시간이 생겼다. 하루 한 권은 힘들이지 않고 읽을 수 있게 되었다.

불필요한 것을 없애는 일은 쉬운 일이 아니다. 그러나 작은 것이라도 생활에서 실천해본다면 가정에 엄청난 변화가 불어올 것이다.

스마트폰에 들어간
개그콘서트

TV에서 해방이 됐다 생각했는데, 일요일 저녁 개그콘서트 시간이 돌아오면 문제가 생긴다. 아이들이 너무 보고 싶어 했다. 생각다 못해 스마트폰을 이용했다. 일반 TV보다 화면이 100배 정도 작아져버렸다. 그래도 세 아이들은 서로 머리를 맞대고 깔깔거리며 웃는다. 웃는 소리가 너무 커서 책을 보다가 가끔씩 아이들 머리 너머로 보이지도 않는 액정 화면을 쳐다보며 아이들 뒤에서 따라 보는 재미가 더 감칠맛이 난다.

바보상자만 없앴는데 매일 금(金)이 생기는 것 같다. 주변 사람들에게 TV를 없애버리라고, 장점을 아무리 이야기해도 관심들이 없다. 그러나 책을 읽겠다고 마음먹었다면, 특히 직장인이라면 꼭 해야 하는 일이다.

TV를 없애면 부담스럽고 따분해질 것 같지만 생활에 여백이 생긴다. 그 공간으로 그동안 몰랐던 '변화'가 들어온다.

성속일여 成俗一如

라면박스 만한 부피의 택배가 도착했다. 모두 책이다. 스물, 서른의 밀린 숙제를 따라 잡으려는 마흔의 조급함이 섞여 있다. 40권! 숫자에 상징성을 부여하며 무식하다 싶을 정도로 샀다. 습관, 성공, 행복, 열정, 마케팅, 영업, 경제 등 다양한 분야의 도서가 섞여 있어 6일 만에 책이 도착했다. 기다림 반 조급함 반이 맞물렸다.

욕심이 앞서다 보니 작은 책꽂이가 과식으로 배가 터져버렸다. 방에 있는 4단짜리 책장을 거실로 가져왔다. 정리된 책이 알록달록한 옷을 입고 소풍을 나와 줄 서 있는 유치원생 같다. 도토리 키 재기 만큼 차이도 없이 길게 늘어서 있다.

부담스러운 40권의 책

‘과유불급(過猶不及)’ 이라 했던가. 욕심이 과했다. 너무 많은 책을 한

번에 산 것이 말썽이 됐다. 권수에 주눅이 들어 어느 책을 먼저 봐야 할지 고민하느라 오히려 책을 제대로 볼 수가 없다. 부담 없이 한 권을 야금야 금 읽을 때에는 느끼지 못했던 색다른 경험이다. 많은 인생을 한 번에 만 난 부담감에 갈팡질팡 하루를 보냈다.

'무식하면 용감하다. 용감하면 단순해진다.'

그래! 책장에 꽂힌 순서대로 읽자. 앞뒤 가릴 것 없다. 어차피 늦게 만 난 인연 아닌가. 느긋하게 쉬엄쉬엄 읽자. 욕심을 내려놓으니 조급한 마 음이 사라졌다. 40권 손님이 눈에 들어온다. 여유롭게 하루 한 권씩 만났 다. 순서도 번잡스러울까봐 줄 서 있는 그대로 왼쪽부터 차례로 시작했 다. 책값도 만만찮게 들었으니, 그만큼 보상을 받겠다는 마음 때문에 부 담도 컸다. 조급함은 더 천천히 단순하게 대응할 필요가 있었다.

텃밭이 알려준
책읽기

혼자만의 책읽기가 독선으로 빠질까봐 일주일에 한 번씩 독서모임에 나가고 있었다. 모임에서 이야기를 하다 보면 제일 큰 관심은 역시 '책을 읽는 방법'에 대해서다. 의견은 분분하다. '어떡하면 빨리 읽을 수 있을 까?' '어떡하면 책의 내용을 정확히 알 수 있을까?' '다독이 좋다' '정독 이 좋다' '속독법을 배워야 한다' 등 다양한 의견이 나온다. 한동안 어느 방법이 맞는지 헷갈렸다. 그러던 중 회사 자투리 땅에 텃밭을 일구었는 데 그곳에서 깨달음을 하나 얻었다. 좋은 방법이 꼭 하나만은 아님을.

100평 정도의 밭을 관리하는 일은 결코 쉽지 않다. 특히 게으른 농부를 만나면 더더욱 그렇다. 텃밭에 잡초를 뽑아주지 않아 고추를 따기 위해서는 풀을 헤치고 들어가야 하는 상황에 이르렀다. 매년 거름을 주지 않았고, 농약도 치지 않았다.

3년 전에는 고추밭에 탄저병이 번져 수확을 하나도 못했다. 고추에 탄저병은 치명적이다. 급속도로 다른 고추들에까지 번져 농사를 망쳐놓기 때문이다. 그런데 2년 전에는 여름 내내 고추를 잘 따먹었다. 그러나 그 후 또 탄저병이 번져 농사를 망쳤다. 1년 전에는 탄저병이 생겼지만 약간 번지다 말았다. 그 해는 1년 내내 맛있게 고추를 따먹었다.

농약을 치지 않았는데도 왜 탄저병이 해가 갈수록 약해지는 걸까?

조영상의 책《친환경 유기농업》을 보고 그 이유를 알았다. '좋은 것과 나쁜 것이 함께' 있기 때문이었다. 텃밭 농사 첫 해에 탄저균이 번졌을 때에는 땅속에 다양한 종의 미생물들이 없어 탄저균 세상이 된 것이다. 둘째 해에는 다양한 균들이 조금씩 생기고, 셋째 해에는 좋은 균과 나쁜 균들이 다양하게 균형을 이루고 있었다. 그 중 탄저균도 어느 정도 존재할 수밖에 없었다. 독서방법도 이와 같다. 정독이 꼭 옳은 것만은 아니다. 책마다 속도를 똑같이 할 수 없고, 다독만이 꼭 올바른 방법이라 말할 수 없다. '성속일여(成俗一如)' 사상과 같이 정독이 좋으니 다독이 좋으니 구분할 것 없이 다양한 방법으로 책에서 들려주는 '변화'가 무엇인지 알기 위해 노력하면 되는 것이다.

자신에게 맞는 방법으로 책을 읽으면 그것으로 충분하다. 방법에 얽매여 주객이 전도되고 책이 수단으로 전락하면 안 된다!

57인의
한국 위인을 만나다

"위인은 갓 낳은 어린아이와 같은 마음을 그냥 갖고 있는 사람이다." - 맹자

두 번째 무리한 사고를 쳤다. 자기계발서 위주로 책을 보다 보니 이해하기 쉽다는 장점이 있는 반면, 무언가 부족했다. 역사 속 위인들의 사고와 생각하는 힘을 느껴보고 싶었다.

하지만 막상 위인전을 읽으려고 찾아보니 아동용이 많았다. 그래도 책을 볼 때 나이와 관계없이 자신의 수준에 맞는 것부터 접근하는 게 가장 빠른 방법이라는 걸 터득한 후라 망설이지 않고 결정했다. 한국의 고대사부터 근대사까지 57권 전집으로 된 위인전《역사학자 33인이 선정한 인물로 보는 한국사》를 인터넷서점에서 구입했다. 청소년 권장도서지만 금액이 30만 원이 넘는다. 한 달 전 구매한 40권, 책값 지불에 휘청거려 구매를 망설이다 회사에 도서구입비를 요청했다. 직장에서 동료들과 함께 독서문화를 만들고 싶은 욕심이 들기도 해서 사무실에 비치해놓고 읽고 싶었다. 책 구입비용 전액을 회사에서 지원해주었다. 은근히 걱정하던 비용문제가 해결되니 날아갈 것 같다.

그들은
사랑의 크기가 달랐다

위인들은 인생에 어떤 변화를 만들었기에 후손에게까지 전해져 내려올 수 있었던 걸까? 그분들은 우리와 어떻게 다른가? 죽음 앞에서도 신념을 지킨 이유는? 꼬리에 꼬리를 무는 의문들이 생겨나기 시작했다.

책을 읽기 전에는, 그분들은 평범한 사람들과 다를 거라 생각했다. 위대한 삶을 살았고, 영토를 확장했고, 한글을 만들었고, 일제의 고문에도 굴하지 않고 목숨을 바쳤다. 하지만 책을 읽을수록 알게 되는 건 그들 또한 평범한 사람들이었다는 사실이다. 연약한 한 남자였고 한 여자였다. 시련 속에서 힘들어했고 두려움에 떨었으며 외로움에 몸부림쳤다.

궁금함이 더해갔다. 그들의 고통 속으로 들어가 보기도 했다. 생각만으로도 두려움에 견딜 수가 없었다. 도대체 위인들이 목숨까지도 바칠 수 있는 힘은 무엇인가? 57인 위인들의 삶을 숨이 차도록 읽었다.

뭐지! 저 거역할 수 없는 힘은 도대체 무얼까? 용기가 남다르기 때문인가?

그건 '사랑'이었다. 그리고 그 크기가 달랐다. 자신을 사랑했고, 가족을 사랑했으며, 이웃을 사랑했다. 세계를 덮고도 남을 사랑이 있었다. 그들에게 사랑은 자신의 생명을 던지면서도 지키고 싶은 소중한 것이었다. 갑자기 내 몸 하나만을 위해 발버둥쳐온 모습이 부끄러워졌다.

점진 사상,
날마다 조금씩 나가자

《역사학자 33인이 선정한 인물로 보는 한국사》〈안창호〉 편에 보면 점진학교 교가가 나온다.

"점진 점진 점진 기쁜 마음과 점진 점진 점진 기쁜 노래로 학과를 전무하되 낙심 말고 하겠다 하세 우리 직무를 다."

점진, 날마다 조금씩, 그러나 쉬지 않고 나가자. 나라는 마음에서 빼앗기지 않는다면 그 누구도 빼앗을 수 없다고 도산은 말한다. 도산이 세운 점진학교에서는 작은 것 하나하나 소중히 하면 뜻을 이룰 수 있다고 말한다. 위인들의 위대함은 가장 기본적인 것, 작은 것에서 시작하는 것 같다.

" '평소에 귤 하나 정성껏 따는 것이 곧 우리나라를 위한 일이다'라고 강조한 도산의 깊은 뜻은 무슨 일이든 정성껏 하면 된다는 평범한 진리다. 이 진리 속에서 나라 사랑과 독립의 씨를 여러 사람들의 마음속에 뿌린 것이다."

도산은 미국 농장에서 일하는 같은 민족에게 귤 하나 정성껏 따는 것과 같은 사소한 작업도 나라를 위한 일이라고 했다. 거대하고 위대한 일을 해야만 나라를 위하는 건 아니다. 작은 일 하나라도 정성을 다한다면 잃어버린 나라도 찾을 수 있다는 그의 가르침이 마음속 깊이 새겨진다.

현실에서 사소하고 작은 행동을 어떻게 하느냐에 따라 사람들을 포용할 수 있는 마음이 생기는 것이다. 책을 읽으며 도산 안창호 선생의 점진 사상이 차곡차곡 가슴에 쌓인다. 현재의 삶을 날마다 조금씩 점점 더 변화해가야 한다.

신기하게도 위인들을 만나고 나니 독서가 힘들지 않다. 독서량도 늘어 하루에 두 권씩 읽는 날이 많아졌다. 게다가 사고와 의식이 달라지고 있다는 게 느껴진다. 생각의 크기에 따라 사람 능력이 수백 배까지도 차이 날 수 있다는 말이 이해가 된다. 사실 사람의 능력은 두 배 이상 차이나기 힘들다고 한다. 세상에서 가장 빠른 우사인 볼트의 최고 기록이 9초대다. 평범한 남자도 10초 후반이면 충분히 100미터를 뛸 수 있다. 우사인 볼트가 아무리 빨라도 기록상 일반인과 두 배 이상 차이가 나지 않는다. 그러나 위인들은 능력이 아니라 생각의 크기가 달랐다.

300일 동안 책을 만나며 큰 깨달음을 얻었다. 그들의 인생을 통해 생각의 크기뿐만 아니라 미처 생각지 못한 세상도 엿볼 수 있게 되었다.

직장동료의 차이
200대1

책읽기의 즐거움과 장점을 혼자만 누리는 게 아까워 주위 친한 사람들에게 자주 권해보지만 반응들이 시큰둥하다. 노안이 와서 글자도 잘 안 보이는데 무슨 책 타령이냐는 타박도 들었다. 주변사람들에게 책을 권하기보다 회사에서 독서하는 문화를 만들어보자고 생각을 바꾸었다.

회사에서 도서구입비를 지원해주고 있어 매달 열 권 정도 구매해서 사무실에 비치해 놓고 돌려보면서 읽고 있다. 이왕 직장에 독서문화를 만들어보는 것, 제대로 해보자 싶었다. 개개인에게 한 권의 책을 소장하게 해서 관심을 이끌어내는 것도 좋을 것 같았다. 회사 규모가 작으니 우선 다섯 권을 구매했다. 《실행이 답이다》라는 책이다. '억지로 읽을 필요는 없다'고 강조하며 직원들에게 선물로 주었다. '영업하는데 도움이 될 것 같다'는 말과 함께, 읽고 싶은 사람만 읽어보라고도 했다. 가끔 커피를 마시러 가는 이웃 사무실의 가깝게 지내는 분에게도 같은 책을 선물했다.

평소 사무실에서 가끔씩 독서하는 모습이 눈에 띄었던 우리 회사 김 과장은 선물받은 책에 밑줄까지 그어가며 열심히 본다. 서로 책읽는 모습을 보며 자극을 받는지 다른 직원들도 간간히 휴식시간을 이용해 책을 보는 모습이 눈에 띈다.

며칠이 지나, 옆 사무실에 가서 커피를 마시며 책 내용이 어땠는지 물어보았다.

"책 내용 괜찮아요?"

"두 장뿐이 못 봤어."

"뭐야! 장난치는 것도 아니고 3일이나 됐는데 두 장 읽었다고요?"

"아까워서 두고두고 보려고."

"…."

평소에도 독서하는 모습을 본 적은 없었지만 그래도 내심 어느 정도 기대를 했는데 제목만 보고 덮어둔 것이다.

고객을
팬으로 생각하는 영업자

'말을 물가에 끌고 갈 수는 있어도 억지로 물을 먹일 수는 없다'는 속담이 딱 맞는 것 같다. 2011년에 책 선물을 받은 영업사원들은 3년이 지난 현재 200권 넘게 책을 읽어오고 있다. 처음 독서문화를 만들기 위해 자유롭게 책을 읽을 때에는 한 달에 다섯 권도 힘들어 했다. 그러나 지금은 한 달에 열 권 이상 독서를 하고 있다. 오히려 책을 더 많이 비치해달라고 요청하기도 한다.

회사에도 많은 변화가 일어났다. 독서토론을 하고 있고, 영업, 마케팅 전략도 책을 통해 많이 배우고 있다. 그들이 꾸준히 성장하고 있는 모습은 이웃 사무실 직원들과 자주 비교가 된다. 가까이에서 객관적으로 바라볼 수 있는 상황이라 그 성장 차이가 더 뚜렷하다. 책을 꾸준히 읽는 직원 하나가 영업을 나가면서 하는 말을 듣고 깜짝 놀랐다.

"저는 고객을 열광하는 팬으로 생각하고 만나요."

고객을 팬으로 생각하는 긍정적인 영업자와 마지못해 고객을 만나는 영업자. 이들이 성장하는 차이는 어느 정도일까?

책을 통해 직원들이 변화해가는 모습을 지켜보는 건 아주 흐뭇한 일이다. 시간이 흐를수록 그들이 남들보다 얼마나 더 성장할지 궁금하다. 책을 읽은 차이는 200권이지만 성장의 크기는 그보다 클 것 같다.

사무실 책상에 서랍을 없애다

책 따로 생활 따로, 라면 아무리 많은 책을 읽어도 소용없을 것이다. 고야마 노보루의 《아침청소 30분》을 직원들과 함께 읽고, 회사에 적용해보기로 했다.

직원의 절반이 폭주족인 회사가 있다. 이 회사가 '작은 것에서부터 최고가 되자'라는 모토로, 일본에서 정리정돈이 가장 잘된 회사를 만들기로 한다. 어떠한 일이 있어도 직원들은 아침청소 30분을 실천하고, 그로 인해 회사가 변화해가는 모습을 담은 책이 바로 《아침청소 30분》이다. 청소는 직원들을 변하게 만들었고, 신문지 한 장 크기의 구역도 담당자를 정할 정도로 세밀하게 나누는 수준에 이른다. 더 나아가 직원들은 개선점을 꾸준히 찾아 실행에 옮기면서 회사를 성공의 길로 이끈다.

이 정리정돈을 우리 회사에 어떻게 적용해볼 것인지 아침회의를 했다.

"사무용품들 놓을 자리를 표시해놓으면 어떨까요? 책에 나온 것처럼 의자 위치나 책상위 사소한 사무용품까지 표시를 해놓으면 항상 정리정돈되어 있는지 알 수 있게요."

"그보다 근본적인 방법은 없을까?"

"책상에 서랍을 없애버리면 어떨까요? 보이지 않는 곳은 자신도 모르게 잘 정리하지 않잖아요."

"좋은 생각이네. 한 번 적용해봅시다."

막상 책상에서 서랍을 빼놓으니 보기 이상해서 회의용 대형 테이블 두 개를 붙이고 그 위에 PC를 올려놓았다. 효과는 생각보다 훨씬 컸다. 모든 것이 눈에 보이는 곳에 있으니 다 함께 아침에 10분 정도 청소를 하고 나면 온종일 사무실이 정돈된 상태를 유지했다.

2주 정도 지나니 정리정돈된 상태의 사무실 모습이 제법 자리가 잡혔다. 덩달아 업무처리도 두 배 이상 빨라지고 착오도 줄었다. 미결서류 등 급하지 않은 일은 자신도 모르게 보이지 않는 서랍에 넣어두고 미루게 되는데, 서랍을 없애버리자 일처리를 미루던 버릇도 많이 개선되었다. 모든 것이 보이는 곳에, 또 정해진 자리에 있어야 하기 때문이다.

책을 통해 깨달았다면 이제 실천하는 것이 중요하다.

나도 놀란
한 달 100권

내가 생각할 수 있는 크기만큼 나의 한계가 결정되는 것 같다. 한동안 하루 한 권을 읽으며 스스로 뿌듯해하고 있었다. 그러나 오히려 그 틀 속에 빠져 안주하고 더 이상의 도전을 하지 않고 있었다.

문득 '일주일 동안 읽을 수 있는 양은 얼마나 될까?' 궁금해졌다. 한 주간 시험을 해보고 싶었다. '그래, 한계는 없다. 도전해보자.' 마음을 잡고 얼마나 많은 분량의 책을 읽을 수 있는지 시도해보기로 했다. 기왕 해보기로 했으니 가장 먼저 할 일은 시간을 확보하는 것이었다. 직장에서는 동료들이 처리할 수 있는 일은 위임시켰고, 집에서는 설거지를 도와주며 아내에게 애교를 떨었다. 매주 하던 축구도 빠지고 자투리 시간을 최대한 만들어냈다.

위인전을 읽으며 의식의 확장이 무엇인지 어렴풋이 알게 되었고, 변화를 받아들일 마음자세가 다른 어느 때보다 커져 있었다. 일요일 저녁, 일찍 잠자리에 들었다. 기대 반 궁금 반으로 월요일 새벽 5시 30분에 눈을 뜨고 책을 펼쳤다. 남다른 각오로 오로지 독서에만 집중했다. 이런 모습이 생소하게 느껴지면서도 기분은 좋다. 잠들기 전까지 오롯이, 회사의 중요 업무를 빼고 나머지 시간을 모두, 책 읽는 데에 투자했다. 잠들 때까지, 잠자는 시간 외에는 온통 책과 함께했다.

일주일에
24권을!

나에게 주어진 시간을 모두 내어서 일주일을 살아보니, 시간과 공간이 느껴지지 않을 때가 있었다. 책에 빠져 작가의 생각을 따라가다 보면 어느덧, 일상에서 생각하는 것과는 다르게 내가 작가의 사고로 바라보고 있었다. 칭기즈 칸이 대륙 벌판을 달리며 바라보는 세계를 내가 같이 느끼고 있다는 걸 깨달았을 때에는 정말 깜짝 놀랐다. 회사와 집을 오가는 맞벌이 직장인이지만 그때만큼은 세상을 그 누구보다 더 멀리 바라보는 시선을 가질 수 있었다.

그렇게 낯선 한 주를 보내고, 매주 나가는 독서모임에 참석했다. 한 명씩 독서 이야기를 하다가 내가 발표할 차례가 되었다.

"일주일 동안 24권을 읽었습니다."

회원들이 놀란 표정으로 일제히 바라본다.

"만화책이요."

너무 진지하게 쳐다봐서 농담을 했다. 한 주간 읽고 집에 쌓아놓은 책을 보며 오히려 신기하기까지 했다. 독서 고수들은 웃겠지만 나에게는 충격적인 경험이었다. 한계까지 읽을 수 있는 책이 얼마나 될까? 호기심 반 기대 반으로 시작했는데 결과에 놀랐다. 하루 두 권, 일주일의 한계를 14권 정도로 생각했다. 모든 걸 내려놓고 매달려보니 놀랍게도 두 배 가까운 차이가 난다.

'만 권을 읽은 사람이 있다.'

눈을 의심했다. 상상도 해본 적이 없기에 사고를 할 수 없었다. 독서에 다시 한번 눈을 뜨게 해준 《48분 기적의 독서법》의 작가 김병완 씨는 직장을 그만두고 3년 동안 도서관에서 만 권 가까이 책을 읽었다고 한다. 눈을 의심했다. '천 권도 아니고 만 권이라니!' 권수에 압도당해 놀랐다. 그러나 그보다 더 가슴에 와 닿은 건 프롤로그에 나온 말이었다.

"하루도 빠짐없이 도서관에 출근하여 책을 읽었다. 말 그대로 목숨을 걸고 책을 읽었다. 심지어 어느 때는 엉덩이에 피가 나서 도서관 의자에 옷이 눌러 붙는 것도 모르고 책을 읽었다."

독서하는 자세를 다시 돌아보게 되었다. 위인들을 만나보고 그분들의 생각의 크기가 가늠할 수 없을 만큼 크다는 것을 느낄 수 있어 행복했다. 그리고 일주일 나름 열심히 책을 읽었다고 생각했는데, 김병완 작가의 마음을 훔쳐보고 나니 더 강력하게 독서의 세계를 경험하고 싶어졌다.

만 권을 읽은 사람을 보고
생각의 한계를 높인다

일주일간 24권을 읽은 후에 '한계는 생각하기에 따라 달라진다'는 걸

느꼈다. 그래, 이왕 시작한 것 한 달에 어느 정도까지 읽을 수 있는지 도
전해보자. 김병완 작가처럼 직장까지 그만둘 각오는 아니지만 현재의 삶
에서 극한까지 가 보고 싶었다. 극한까지 가 보면, 그 다음에 극한의 체험
까지 도달하지 못한다 해도 근처까지는 손쉽게 다가갈 수 있다는 장점이
있다. 에베레스트를 도전하는 사람들이 해마다 늘어나는 것도 베이스캠
프를 높은 곳에 설치하기 때문이다. 조금 무모해 보이는 시도지만 해보
고 싶었다. 200권을 읽은 사람과 1권도 안 읽은 사람의 차이를 직접 봤기
때문에 계획을 변경했다.

'그래, 한 달간 해보자.'

그후 세상은 온통 책이었다. 새벽에 눈을 떠 잠들기 전까지 내 눈 앞에
는 종이로 된 담벼락이 있는 것 같았다. 각오는 대단했으나 한 달이란 짧
지 않은 시간 동안 위기가 많았다. 의욕은 앞서는데, 체력이 문제였다. 10
년 이상 조기축구를 하며 깨달은 게 있다면, 경기 시작 5분 정도는 가급
적 자신의 7,80% 정도로 달리다 호흡이 트이면 그때부터 전력을 다하는
게 좋다는 것이었다. 독서도 비슷한 것 같다. 처음부터 억지로 집중할 필
요 없다. 책에 집중하기 시작하면 읽는 속도는 자연스럽게 빨라진다. 그
런데 그때 나는 의욕만 앞서 있었다. 오후가 되면 몸이 금세 지쳤다. 그래
도 억지로라도 밤까지 읽으며 한 달 동안 독하게 100권을 채웠다.

보름 정도는 정신력으로 독서를 한 것 같다. 몸이 극도로 지쳐 있었고
무리하며 읽은 탓에 책 제목이 생각나지 않기도 했으나 뭔가 해냈다는 뿌
듯함도 컸다. 그리고 한 달 전 나와 지금의 나는 같지 않다는 걸 느꼈다.

한 달 동안 100권을 읽고, 그 부작용으로 며칠 동안 책도 못 읽고 힘들

었다. 하지만 몸살이 날 정도로 한 달간 책과 동행하면서 한 가지 가슴에 뚜렷이 남는 것이 있었다.

'한계는 생각한 만큼에서 멈춘다. 그러나 한계가 없다고 생각하면 나를 넘어설 수 있는 세계가 있다.'

한 달에 100권을 읽어내는 체험을 하기 전에는 평생 천 권은 고사하고 500권이라도 읽을 수 있을까 의심했다. 그러므로 만 권은 절대 볼 수 없는 분량이라고 생각했다. 그러나 색다른 한 달의 경험이 나의 사고를 변하게 했다. 3년에 안 되면 10년에 걸쳐 해내면 된다. 그도 안 되면 평생 하면 된다. 만 권을 못 읽을 이유는 없다.

홀로 오두막에 앉아

만 권의 책을 읽으며

늘 같은 마음으로

십 년을 지내오니

이제야 우주 만물의 근본을

알아들은 듯 싶어

내 마음을 붙잡으니

진리가 보이더라.

《역사학자 33인이 선정한 인물로 보는 한국사》〈이황〉편에 나오는 말이다. 만 권의 책을 읽으니 진리가 보인다는 말씀은 어떤 경지일까?

자신의 한계를 넘어본다는 것은 한 번쯤 도전해볼 만한 일이다.

3회 연속
다독상 받은 딸

"내가 그럴 줄 알았어."

시험 문제에 나올 줄 알았다고 딸을 구박한다. 어머니가 하시는 말씀마다 맨 처음 나오는 말이 '내 그럴 줄 알았어'다. 공부를 못해도 붙고, 몸에 잘 맞지 않는 옷을 사도 붙고, 늦잠을 자고 일어나 허둥지둥 학교에 가려고 해도 붙는다.

"내가 그럴 줄 알았어." 그리고 잔소리가 한없이 이어진다.

딸이 도끼눈을 하고 말한다.

"엄마! 부탁인데, 그럴 줄 알면 다음부터는 미리 말씀해주세요."

라디오 사연을 듣고 한참을 웃었다. 맞다. 우리 집과 똑같네. 아이들이 부모 생각대로 행동하는 건 불가능에 가까운 일이다. 그걸 알면서도 '내가 그럴 줄 알았어'라는 말이 고쳐지지 않는다.

아내와 책을 보기 시작한 지 400일 정도 지나가고 있다. 그동안 알게 모르게 아이들에게도 집안에도 변화가 생기기 시작했다. 아이들이 책을 스스로 읽는 것만으로도 변화가 생긴 것이다. TV를 없앤 거실 한가운데 가족이 넉넉히 앉을 수 있는 탁자를 놓았다. 가끔씩 온 가족이 탁자에 둘러 앉아 책을 읽고 있을 때가 있다. 10~20분 책 넘기는 소리가 집안을 감싼다. 고요함 속에 리듬을 타고 종이 넘기는 소리를 듣는 경험을 해보니 무어라 말하기 힘든 행복감이 밀려온다. 전에는 상상할 수 없었던 모습이다.

시끄러운 TV소리가 없어지고 가족 간의 대화가 많이 늘어났다. 그와 더불어 아이들 일상에도 변화가 나타나기 시작한다.

가난한 아이를
치료해주고 싶다는 딸

"아빠, 다독 상 받았어요."

"다독 상?"

"학교 도서관에서 책을 제일 많이 빌려간 학생에게 주는 거예요."

"우와, 대단하다. 가문의 영광이네!"

"전교생 다섯 명에게 주는 건데, 제가 2등이래요."

"몇 권이나 읽었는데?"

"900권이요."

"1년에 900권이나?"

"6학년까지 도서관 책을 다 보고 싶어요."

"안 그래도 돼. 눈 나빠져."

“괜찮아요. 정말 재미있어요.”

3학년 딸아이가 책을 좋아하기는 한다. 아내와 책을 읽기 시작하면서 오히려 너무 읽어 걱정될 정도다. 어느 때는 어른들 책을 보기도 한다. 위인전 읽는 속도가 어른보다도 빠른 딸아이에게 이해하면서 읽고 있는지 걱정이 되어 내용을 물어보면, 요점을 정리해 또박또박 들려준다. 건성으로 읽지는 않는다는 걸 알았다.

책을 읽기 시작하고 1년이 지날 무렵이다. 갑자기 딸아이는 슈바이처 박사가 자기의 경쟁 상대라고 한다. 이유를 물어보았다. 최고의 의사가 돼서 가난하고 불쌍한 아이들을 자신이 더 많이 치료해줄 거라 한다. 약간 감동했다. 의사가 돼서 잘 살겠다는 말이 아니었다.

“그래, 훌륭한 사람이 되어라. 그래도 우리 공주, 책은 조금 덜 보면 좋겠다.”

동화책을 읽는 막내

“아버지는 맨날 책만 보고, 나하고 놀아주지 않아요.”

“그럼, 너도 동화책 봐.”

“글 모르잖아요.”

“일곱 살이 글을 모르냐?”

“빨리 읽어줘요.”

“한 권만 읽어줄 거다.”

집에 TV도 없고 라디오에서 클래식 음악이 흘러나온다. 일곱 살 녀석에게는 재미없는 집이다. 레고블록으로 자동차를 만드는 것도 재미가 없나 보다. 숨바꼭질 친구를 찾지만 나타나지 않는다. 아무도 놀아주지 않으니 다시 레고를 가지고 논다. 혼자 이것저것 만들어본다. 맞벌이 아빠 엄마가 바쁘다는 걸 일곱 살이 이해할 수 없다. 형 누나도 각자 방에 들어가 있다. 막내 녀석은 놀아줄 친구를 찾지만 나타나지 않는다. 거실에서 책을 읽고 있으면 옆에 와서 시비를 자주 건다. 모르는 체 하고 책을 보고 있으면 심심한지 동화책을 들고 누워 있다. 한동안 책을 뒤적거린다. 그리고 중얼거리며 읽기 시작한다.

"나무꾼이 선녀의 날개옷을…."

"막내야, 뭐해?"

"책 읽어요."

심드렁하게 누워서 말한다. 은근히 걱정했는데 글을 깨우치기 시작한 것이다.

아버지를 가르치는 큰아들

"드럼만 치지 말고 공부 좀 해라."

"열심히 하고 있잖아요."

"좋아. 오늘부터 15분 동안 오늘 배운 것 아버지에게 강의를 해라."

"그게 뭐예요?"

"아버지가 학생이고 네가 선생님이 되는 거지."

“에이, 어떻게 그래요.”

“아버지가 이해하기 쉽게 설명하는 날은 천 원씩 용돈도 준다. OK?”

“그럼, 한번 해볼까요?”

처음 시작할 때에는 15분씩 중구난방으로 설명을 하더니, 2주일 정도 지나자 제법 조리 있게 말하기 시작한다. 그리고 학교시험이 있었다. 성적은? 그대로다. 바뀐 건 스스로 학습이 몸에 조금 익은 것 같다.

가족 모두 책 읽는 습관이 생기기 전에는 상상도 하지 못할 집안 풍경이다. 공부해라! 책 좀 봐라! 고래고래 소리 지르던 아내의 목소리도 낮아졌다. 아이들 눈치 보며 몰래 TV를 보는 일도 없어졌다.

거실에 앉아 책 보는 시간이 늘어난 것뿐인데, 생각지도 않았던 변화가 집안에 스며들고 있다.

읽을수록
아내가 더 예뻐진다

"아주머니, 장미꽃 주세요."

"어느 쪽 걸로 드릴까요?"

"활짝 핀 장미로 주세요."

결혼기념일, 퇴근길에 동네 꽃집에 들렀다. 장미가 활짝 핀 것과 아직
피지 않은 것이 각각 플라스틱 통에 담겨 있다.

"여자들은 덜 핀 걸 좋아해요!"

"활짝 핀 걸로 주세요. 색시 미모와 견주어 보게요."

"호호호, 농담도 잘하시네요."

활짝 핀 꽃을 있는 그대로 볼 때

삶이 아름다워진다

맞벌이 엄마로 사는 아내는 원더우먼이 다 됐다. 지금은 풋내기가 아니다. 내공의 깊이가 어느 정도인지 예측할 수 없다. 결혼하기 전까지 젊을 때 검도를 했던 그녀가 주방에서 요리를 할 때면 그 칼놀림이 예술의 경지다. 아마도 《오륜서》를 쓴, 60번의 싸움에서 모두 이긴 전설의 미야모토 무사시와 대결을 해도 아내가 이길 것 같다.

아내와 결혼한 지 17년이 지나고 있다. 책을 읽을수록 현재의 소중함을 절실히 느끼게 된다. 책을 읽으며 아내가 더 예뻐진다. 연애할 때 풋풋했던 모습보다 지금의 모습을 더 사랑한다. 아이들과 일에 시달리며 생긴 눈가의 잔주름도 아름다워 보인다.

지금의 아내 인생을 꽃으로 본다면, 꽃이 피고 지는 중간에 서 있다. 활짝 핀 자태를 드러내며 향기를 내뿜는 그 모습을 사랑한다. 난 지금 활짝 핀 그녀의 모습을 좋아한다. 아마도 시간이 흘러 더 나이가 들면 그때는 또 꽃이 져가는 그 모습이 아름다울 것이다.

책을 읽으며 현재를 긍정적으로 바라보기 시작했다.

'지금을 살아라.' 그녀는 어제보다 오늘이 예쁘다. 아름다움에 대한 생각이 변한다.

아내의 현재 모습을 좋아하는 것 말고도 다른 변화가 생겼다. 조건을 바라지 않는 것이 행복이라는 걸 알아가고 있는 중이다. 퇴근을 빨리 하는 날이면 내가 집안 청소를 혼자 한다. 아내가 돌아와 미소 짓는 얼굴을 보면 그뿐이다. 전에는 무언가를 요구했다. 청소를 했으니 당연 반대급부를 말했다. 들어주지 않아도 습관처럼 말했다. 그러나 지금은 가족이 좋아하는 모습을 보는 것이 더 행복하다.

"진혁아, 이거 한번 읽어봐라."

"예? 정말 저 주시는 거예요?"

선물로 건넨 책 한 권에 진혁이 얼굴에 미소가 번진다.

조기축구 사람들과 회식하는 자리에서 책 이야기를 한 적이 있다. 옆에 앉은 회원들이 대부분 젊은 20대 후반이어서 일주일에 한 권 정도는 꼭 책을 읽어야 한다고 주절주절 말했더니, 동갑내기 병삼이가 옆에서 듣다가 한마디 한다.

"애들한테 말만 하지 말고 책을 사줘. 그래야 읽든지 말든지 할 거 아냐."

"보겠다는 사람이 있어야 사주든 추천해주든 하지."

얼마 후 서점에 들러 책을 사는데 회식 때 유독 내 말에 귀 기울이던 젊은 친구 진혁이가 떠올랐다. 그래, 책을 선물해주자. 그에게 한 권의 책이 힘이 된다면 얼마나 좋을까. 선물의 가치는 싸고 비싼 데 있지 않다. 조건이 없을수록 상대에게 더 많은 울림을 준다. 오히려 진혁이를 통해 내가 많은 걸 배울 수 있어서 고맙다고 마음의 미소를 보낸다.

"돈 거래를 할 때 우리는 '조건'에 집중한다. '그것을 받으면 이것을 주겠다'고 계산한다. 최초에 교환이 일어나려면 받는 사람이 그에 대한 값을 치르겠다는 약속을 해야 한다. 그런 약속 없이는 어떤 교환도 일어날 수 없다. 하지만 선물을 할 때에는 그런 조건이 필요 없다. 이것을 주면, 상대방이 (내가 아닌) 다른 사람에게 어떤 것을 줄 것이라 생각할 뿐이다. 선물을 주면서 기대하는 건 상대의 기분을 바꾸는 것이다."

세스 고딘의 《린치핀》에 나오는 말이다. 조건 없는 선물을 주면 상대방이 행복해진다. 그리고 그 행복은 나에게 더 크게 돌아온다.

지금까지는 일상생활에서 남들에게 피해를 주지만 않으면 된다는 생각으로 살았다. 그러나 이제는 그보다 더 너머, 조건을 바라지 않는 선물을 주는 사람이 더 아름답고 행복한 삶을 살아간다는 걸 느낀다.

책을 읽으며 의문점 하나가 풀린다. 특히 마더 테레사의 사랑의 힘이 어디서 나오는지 궁금했었다. 가냘프고 작은 체구로, 정치인처럼 위세를 떨지도 않으며, 어떻게 사람들을 움직이는지 궁금했다.

무엇이 인도를 움직이고 있었을까? 과연 그 힘은 어디에서 나왔을까?

이해인 수녀가 옮긴 《마더 테레사의 아름다운 선물》을 보면, 시궁창에 버려져 세상 사람들에게 외면을 받으며 죽어가던 사람이 이렇게 말한다.

"저는 세상에서 가장 행복하게 죽어가는 사람입니다."

마더 테레사는 길거리에 쓰러져 죽어가는 사람에게 조건 없이 작은 손을 내민다. 버려진 그는 회복할 수 없는 상태다. 그런 그에게 테레사가 바라는 것은 없었다. 그저 살을 파고 들어가는 벌레를 잡아주고, 몸을 깨끗이 씻어주고, 편안한 침대에 눕혀준다. 그리고 조금이라도 편안하게 삶을 마치길 기도한다. 아무 조건 없이 내민 손이 인도를 움직이고, 전 세계 사람들에게 영향을 주었다. 조건 없는 테레사의 선물이 세상을 움직일 수 있었던 것이다.

아내가 예뻐 보이는 건 조건 없는 선물을 매일 가족에게 주기 때문이라는 걸 깨달았다. 책을 읽을수록 오늘도 아내는 예뻐 보인다.

준비병

일요일 아침, 온 가족이 집 가까이에 있는 광덕산에 가기로 했다. 딸아이와 앞 다투어 현관문을 나섰다. 주차장에서 아내와 두 아들을 기다리며 딸아이와 묵찌빠를 재미있게 했다. 10분이 지나도 아내와 아들들은 나오질 않는다. 아내에게 전화를 해본다.

"왜 안 나와요?"

"조금 더 준비할게 있어요."

식구들 성격에 따라 등산을 갈 때도 두 그룹으로 나뉜다. 등산화만 신으면 출발하는 아빠와 딸. 손수건, 모자, 휴지, 스카프, 썬크림…. 준비할 수 있는 건 모두 챙기는 꼼꼼한 엄마와 느림보 거북이 아들들.

300권 정도 읽으면 무언가 변화할 수 있는 완벽한 준비가 되겠지, 생각했었다. 하지만 막상 500권을 넘게 읽었어도 어느 하나 완벽한 것이 없다. 회사생활을 하며 긍정적인 부분이 많아지기는 했다. 책을 읽는 분위기가 만들어져서 좋지만 그밖의 것들은 딱히 어느 하나 완벽한 게 없다.

경제적으로 더 여유로워지지도 않았고, 꿈꾸는 일도 나아지지 않았다. 제자리걸음을 걷고 있다는 생각뿐이다.

완벽해지기 위해서는 준비가 얼마나 더 필요한 걸까? 아니, 완벽함을 추구하며 정작 '완벽함이란 존재하는가?'라는 생각이 든다.

완벽함보다
모자람이 나을 때가 있다

손무의《손자병법》〈작전〉편에 이런 말이 나온다.

"전쟁 준비에 다소 모자란 점이 있더라도 속전속결을 추구하여 승리한 경우는 들어보았지만, 전쟁 준비를 완벽하게 갖추고 장기전을 치르며 승리한 경우는 없다. 대개 전쟁을 오래 끌어서 나라에 이로운 경우는 결코 없다. 그러므로 장수가 군대를 움직일 때의 해로운 면을 완전히 이해하지 못하면, 군대를 움직일 때의 이로운 면도 완전히 이해할 수 없다."

손무는 완벽함보다 모자람을 추구함이 이로울 경우가 많다고 말한다. 그는 완벽한 준비를 갖추고 장기전을 치르며 승리한 경우는 없다고 단언한다. 완벽한 준비란 없다는 말이다. 삶의 변화도 완벽하게 바라는 대로 변하는 것은 없다. 조금 부족하다 싶어도 변화를 발견하고 행동으로 옮겨야 한다.

'변화'란 항상 현재를 말하고 있다는 생각이 든다. 돌이켜보면 무언가를 하고 싶을 때 나는 항상 변화를 원하는 것보다 변명을 먼저 찾았다. '아직은 부족하니, 조금 더 준비하자.' 스스로에게 핑계를 대며 회피한 경우가 많았음을 발견했다.

'변화는 현재를 살게 하고, 변명은 미래를 살게 한다.' 책을 읽으며 종종 드는 생각이다. 행동이 서툴다 해도 시행착오를 겪으면서 나아가야 한다. 완벽함에는 욕심이 들어가 있기 마련이다. 두 번 하기 싫어하는 교만이 보인다. 손무의 말처럼 완벽함보다 다소 모자란 점이 있어도 현재의 삶에서 변화를 찾도록 노력해야 한다. 한 번의 행동으로 삶에 기적이 일어나지 않듯이 조금 모자람이 오히려 성공의 씨앗이 될 것이다.

로또 당첨만을 기다리는 고약한 심보로 확률 없는 허영심만 키우는 게 준비병의 특징이다. 1년 넘게 책을 읽으면서 나도 모르게 자주 준비병에 걸리는 모습을 보고 반성해본다.

완벽을 추구하다가
현재를 즐기지 못한다

완벽하게 준비되기만을 기다리는 일의 치명적 결함은 또 있다. 현재를 즐길 여유가 없다는 것이다. 모든 것이 미래에 맞춰져 있어 지금의 시간을 인내해야 한다. 모든 것은 한순간도 쉬지 않고 변화를 만들어간다. 멈춤이란 죽음을 의미하기 때문이다. 거목도 수명을 다할 때까지 최선을 다해 변화에 순응한다. 봄 햇빛에 나뭇가지는 여린 잎을 내밀어야 하고, 뿌리는 바위에 부딪쳐도 물을 찾아 뻗어가야 한다. 봄이 왔는데 잎을 내지 않고 게으름을 피우거나, 가뭄 속에서도 비 오기만을 기다리며 물을 찾지 않는 나무를 상상할 수 있겠는가.

한동안 책에서 들려주는 변화에 하루를 행복하게 보냈다. 시련이 다가와도 굳건한 믿음의 힘이 되어주었다. 미래를 바라보며 희망이 무엇인지 알아간다. 그러나 준비병에 걸리면 부정적 사고가 생긴다. 자신도 모르게 교만함이 자리하게 된다.

바다는 모든 것을 받아들인다. 거기에 교만은 없다. 겸손하기에 자신을 낮추고 모든 것의 가장 아래에 존재하기 때문이다. 400권의 책과 만나면서 인식하기 힘든 교만을 바라볼 수 있었다.

실패를 많이 할수록 좋다. 그만큼 성공에 다가가고 있는 것이다. 준비병을 이기기 위해서는 모자람도 준비해야 한다. 책을 읽으며 반드시 무엇을 얻으려고 하는 욕심을 갖다 보면 앞이 더 보이지 않는다. 하나라도 더 얻기 위해 한 글자도 놓치지 않고 꼼꼼히 되짚어가며 볼수록 '변화'의 기적은 찾아오지 않는다. 오히려 모자란 나 자신을 인정하고, 배우는 마음을 갖출수록 변화는 자주 찾아오곤 했다. 완전하지 않음을 발견할수록 완벽함보다 어떤 변화를 추구해야 하는지 배울 수 있었다.

오늘도 한 사람의 인생을 듣고 있다. 진솔하게 들으려 한다. 부족한 나를 위해 들려주는 감사함을 잊지 않으려 노력한다. 불완전함을 인정하면 할수록 완전함이 무엇인지 볼 수 있다.

스타만 성공하는 세상

"우리가 세운 목적이 그른 것이라면 언제든지 실패할 것이요,
우리가 세운 목적이 옳은 것이면 언제든지 성공할 것이다." - 안창호

책을 읽기 시작한 지 1년 반이 지나간다. 주위 사람들에게 책 권하는 버릇도 생겼다. 간혹 내 말을 듣고 책에 흥미를 느껴 꾸준히 읽는 사람도 있다. 기쁘기도 하고 고맙기도 하다. 하지만 보통은 싫어하는 반응들을 보인다. 그 중 직선적인 세 가지 답변이 기억에 남는다. 책의 세상에 빠지기 전, 나 또한 똑같은 생각을 한 것 같아 한 번 곱씹어보았다.

첫 번째 답변.

"바쁜데 뭔 책이냐."

"'왜' 바쁘게 살아야 하는지 생각해볼 계기가 되잖아."

그러거나 말거나 심드렁하다. 한가할 때나 한번 보겠다는 생각이다. 문제는 "바쁜데 뭔 책이냐"라고 말하는 사람은 타인의 도움이나 충고를 잘 받아들이려 하지 않는다. 나를 도와주려 하고, 내가 모르는 걸 가르쳐 주려고 해도 내가 어려워 주위 누군가가 다가오지 못하는 건 아닌지 나 자신을 돌아보게 된다.

두 번째 답변.

"돈 되냐?"

"돈보다 네가 알지 못 하던 걸 알아갈 수 있어."

"돈 안 되지?"

"그래, 돼지는 못 봤다."

'책보면 밥이 나와? 돈이 나와?'라는 답에 말문이 막힌다. 책 자체가 목적이 아니라 돈 버는 수단으로 보고, 그 속에서 자신이 원하는 것만 보려 한다. 더 이상 할 말 없게 만든다.

세 번째 답변.

"그래서 넌 성공했냐?"

"…."

이 말은 정말 상처가 되어 돌아온다. 자신의 기준에 맞는 성공을 했다는 걸 보여주면 책을 보겠다는 것이다. 그 기준이 부인지, 명예인지, 행복인지 모르겠지만 저마다 다른 '성공'을 자신이 바라보는 틀에 맞추려 한다.

500권 읽은 내공으로는 부글부글 속만 끓는다. 당장 겉으로 보여줄 수 있다면 말을 하지 않아도 될 텐데, 작은 변화가 생기고 있다는 걸 알아가고 있을 때라 자꾸 사람들에게 말을 하게 된다. 가만히 있으면 중간이라도 가는데, 주위에 책을 권하는 버릇, 이게 참 말썽이다.

0.01% 성공에
갇혀 있는 사람들

대부분 주위 사람들은 스타들의 성공을 생각한다. 사람들 위에 우뚝 선 부러운 대상이 되는 성공을 꿈꾼다. 상위 0.01% 안에 들어야 성공이라고 말할 수 있지, 그 범위에 들지 못 하는 건 성공이 아닌 평범함이라고 한다. 그리고 성공과 너무 멀게 느껴지는 자신의 현실에 좌절한다. 과연 스타들의 성공만 성공일까? 다른 성공은 틀린 것일까?

사람마다 성공의 기준은 다 다르다. 만인의 부러움을 사는 위치에 있다고 해서 거기에 모든 것을 맞춰 생각하는 것을 경계해야 한다.

‘다르다’는 것을 ‘틀렸다’고 생각하는 오류에서 벗어나도록 노력해야 했다. 상대가 “그래서 넌 성공했냐?” 라고 받아쳐도 화낼 필요가 없어졌다. 그가 생각하는 성공과 내가 생각하는 성공이 다른 것 뿐이다.

밤새 비가 내려 아침공기가 신선하다. 오랜만에 자전거를 타고 출근했다. 움푹 파인 길 가장자리에 빗물이 넘쳐 강아지 오줌 만큼의 물웅덩이가 만들어져 있다. 그 안에 어린 송사리 대여섯 마리가 들어 있다. 물이 넘칠 때 따라서 나왔다 갇힌 것 같다. 사무실에 도착해 커피 한잔을 마시며 웅덩이에 갇힌 송사리들을 생각해본다. 시간이 지나면 햇빛에 물이 마를 것이다. 송사리들은 웅덩이에서 헤엄치며 자신의 위급함을 모르고 있다. 그 모습이 ‘자신을 틀에 가둔 성공’은 아닐까 생각해본다.

"나무가 오래되면 높이 있는 가지부터 마릅니다. 그리고 땅에 가까워 올수록 살아 있는 것들이 늘지만 그것도 그 고목 줄기에서 시작한 가지는 오래잖아 말라들고 말 것입니다. 그러나 뿌리에 의지했으되 땅의 힘을 빌려 새로 돋은 가지는 싱싱합니다. 세월이 지나면 반드시 또 하나의 거목으로 자라리라 믿어집니다. 저는 바로 그런 가지가 되고 싶습니다. 이미 말라가는 등걸에 의지하는 것이 아니라 땅의 힘을 빌려 새로 돋고 싶습니다."

이문열이 옮긴《삼국지》〈도원에 피는 의〉에 나오는 말이다.

유비가 말하는 성공은 대지의 힘을 받아들이는 것이다. 성공을 그저 '부'라고 생각하고 그 부를 모으기 위해서만 노력한다면 저 말라가는 고목과 무엇이 다르겠는가? 성공에 대한 생각에 변화가 생기기 시작한다. 맞벌이 직장인에서 벗어나야만 성공할 수 있는 건 아니다. 독서를 통해 새로운 생각의 싱싱한 가지를 끊임없이 만들어야 한다. 그러기 위해서는 현재의 생활에 충실해야 한다. 적당히 지낸다는 것은 서서히 말라가는 고목의 길을 걷는 것과 같다.

위대하고 거대한 성공이 아닌, 소박한 꿈일지라도 내 생활과 균형을 맞춰가며 열심히 노력하는 과정이 중요하다. 새로 돋는 가지를 만들기 위해서 말이다.

일주일
푹 쉬고 싶어요

"여백과 공간의 아름다움은 단순함과 간소함에 있다." - 법정스님

"지금 할 수 있다면 제일 하고 싶은 게 뭐예요?"

"혼자 일주일 푹 쉬고 싶어요."

처갓집에 모여 만두를 만들며 맞벌이를 하는 처남댁에게 물어보았다. 아내들은 어떤 생각을 가지고 있나 궁금했다. 역시나 남들과 다르지 않았다. 눈뜨기 싫은 월요일 아침, 출근하기 위해 일어나면서 누구나 한번쯤은 이런 생각을 해봤을 것이다.

'오늘이 일요일 아침이었으면 좋겠다.'

월요일, 퇴근하고 돌아온 아내의 얼굴에 피곤함이 묻어난다. 집에 돌아와 쉬려고 해도 살림살이에 정신이 없다. 일요일이면 아침 늦게까지 게으름을 피워보기도 하지만 일상의 리듬이 깨진다. 이런 맞벌이 생활 패턴에 피할 수 없는 게 있다. 혼자만의 시간을 내기 어렵다는 것이다. 문제는 책을 보려면 새벽이나 늦은 밤 시간을 이용해야 하는데 몸이 피곤하면 만사가 귀찮으니 책이 눈에 들어오지 않는다. 그래서 처음 책에 흥미를 갖게 된 곳도 차안이었던 것 같다. 누구에게도 방해 받지 않고 짧은 시간 이지만 오롯이 책과 하나 될 수 있기 때문이다.

나는 지금도 장소를 가리지 않고 꾸준히 자투리 독서를 하고 있다. 시간만 생기면 몸이 알아서 움직이며 책을 보는 게 아직도 신기하게 느껴진다.

단순해진 일상

진정한 휴식이 무엇인가 생각해봐야 했다. 마냥 쉬면 되는 것인가? 처남댁 말대로 일주일 푹 쉬면 회복되는 것인가?

책을 읽기 전보다 오히려 지금의 생활이 더 편하다. '왜, 그럴까?' 생각해본다. 책과 함께한 지 1년 반이 지나가며 생활에서 가장 많이 변한 것은 일상이 단순해졌다는 점이다. 술자리도 거의 하지 않는다. 특별한 약속이 없는 한 독서로 시간으로 채운다. 재미없을 것 같던 이 생활이 즐겁다. 다양한 분야의 세계를 알아가는 것이 행복하다. 퇴근길 막내 녀석 유치원 가는 길에 도서관이 있다. 일주일에 두세 번 들르는 게 습관이 됐다. 생활에 절대적으로 필요한 부분을 빼고는 모두 책과 만나는 시간으로 채워지고 있다. 불필요한 걸 덜어내니 맞벌이 생활에도 책을 읽을 수 있는 빈 공간이 많이 생긴다.

독서를 하면서 생활이 단순해졌다. 번잡한 것들을 버리고 지내니 피로한 것에서 벗어나게 된다. 무조건 푹 쉬고 싶은 마음보다 나에게 불필요한 것이 무엇인가 살피게 되고, 책을 접하고 나서는 불필요한 것들을 거의 하지 않는다. 일부러 잠을 더 자는 습관도 없어졌다. 따로 휴식을 취하려 시간을 내지 않는다. 멍하니 TV보는 것도 없어졌고, 인터넷 검색에 시간을 낭비하는 일도 줄었다. 지금 필요한 것만 하니 시간이 오히려 넉넉해졌다.

먼저, 덜어낼 것을 찾고 휴식을 취해야 한다. 지친 생활에 충전하기 위해서는 하지 않아도 되는 것이 무엇인지 스스로 물어보아야 한다.

생활이 단순해질수록 변화가 오히려 많이 다가오는 걸 느낀다. 단순함을 통해 행복의 느낌도 많이 받는다. 바쁘고 번잡스럽게 생활할 때에는 보지 못했던 것들을 느끼게 된다. 해맑게 웃는 아이들의 미소에 행복이 뚝뚝 묻어난다. 작은 것들에 감사하는 마음이 절로 생긴다.

행운을 찾으려
행복을 밟고 있는 건 아닌지

오랜만에 아침 일찍 일어나 아파트에서 가까운 산에 산책을 나가다 길가에 있는 클로버를 보았다. 행운의 네 잎을 찾아볼까 싶어, 쪼그리고 앉았다. 손으로 해쳐가며 살펴보아도 눈에 잘 보이질 않는다. 자리에서 일어나 뒤를 돌아보니 발자국마다 클로버가 납작해져 있다. 행운을 찾는다고 수많은 행복을 밟고 있었다. 주위를 살펴보면 나를 위해 수많은 행복들이 존재하고 있는데 나는 엉뚱하게 피해 다니고 있었는지도 모른다.

병이 생기면, 활동적이었던 사람도 어쩔 수 없이 생활이 단순해진다. 이때 이러한 단순함 속에서 책을 읽으며 성공하는 사람이 의외로 많다.

"300년 앞을 바라보며 기업을 생각한다"고 말한 소프트뱅크 손정의 회장은 시한부 인생을 선고 받고, 아픈 시간을 책과함께 보낸다. 자신의 몸이 아픈 가운데 필요한 것에만 집중한다는 건 쉬운 일이 아니다. 그의 사업성공 요인 중 분명 빠질 수 없는 시간이었을 것이다.

책을 만나기 전, 운동을 하다 어깨를 다쳐 수술하고 3개월 정도 불편하게 지낸 적이 있다. 나는 그때 그 시간을 불안과 걱정으로만 보냈다. 사실 진정한 휴식이 무엇인지는, 힘들고 어려울 때 더 찾아야 한다. 불필요한 걸 먼저 버리고 단순해져야 한다. 간결함을 추구해야 한다. 최고의 휴식은 자신의 삶을 더 단순화시켜 보는 것이다.

이드리스 샤흐는 이렇게 말했다.

"단순하게 살아라. 현대인은 쓸데없는 절차와 일 때문에 얼마나 복잡한 삶을 살아가고 있는가?"

감사일기

긍정심리학의 창시자인 마틴 셀리그만의 《마틴 셀리그만의 플로리시》에는 '감사하는 것을 기록하게 되면 행복도 많아진다'는 대목이 나온다. 6개월간 이틀에 한 번 정도 간단하게 감사한 일을 메모형식으로 쓰며 많은 행복감을 느꼈다. 작은 일에도 감사하는 마음이 생겼다. 대단한 내용이 아니어도 감사한 일을 가급적 하루 세 가지 정도 쓰려고 했다. 일기만 적었는데도 가정과 직장에서 너무도 많은 행복한 변화를 만났다. 그 중 일부만 옮겨본다.

감사일기 하나

(1) 단비가 내려서 감사합니다. 나무, 꽃, 풀들에 힘이 붙습니다. 대기 중 식물들이 좋아하는 영양소를 몽땅 선물하네요. 장미도 지난주에 두 송이 폈는데 오늘은 여섯 송이나 웃고 있는 자연의 신비로움에 감사합니다.

(2) 딸아이가 다독 상을 받아서 감사합니다. 제가 딸바보라는 건 아는데, 가문의 영광입니다.

(3) 하루를 선물해주신 모든 것에 감사합니다. 제 스스로 이루는 것은 아무것도 없습니다. 비가 내리고, 장미꽃이 피고, 하루를 무사히 지냄에 감사합니다.

감사일기 둘

(1) 새벽에 책을 읽을 수 있어 감사합니다. 5시에 눈뜨고 피부에 짜릿하게 와 닿는 새벽공기를 마시며, 책을 읽을 수 있는 이 시간. 마냥 행복이 밀려옵니다.

(2) 포도나무 지지대를 만들 수 있어 감사합니다. 몸이 힘들어 포도나무 지지대를 설치하지 못했었는데, 이 부장이 도와줘서 마칠 수 있었습니다. 감사합니다.

(3) 퇴근길에 산악자전거를 탄 허벅지 굵은 사람에게 지기 싫어 마구 달렸음. 100m 정도에서 패배를 인정함. 행복하던 자전거 타기가 갑자기 싫어지는 기분을 느낌.

남과 비교하지 않는 삶에 대해 일깨워주어서 감사합니다.

감사일기 셋

(1) 책의 소중함을 새삼 느낌에 감사합니다. 땅의 힘을 빌려 거목으로

성장하듯, 책의 위대한 정신을 통해 훌륭한 삶을 살아가야 한다는 깨우침을 주서서 감사합니다.

감사일기 넷

(1) 놀이동산에 무사히 다녀와서 감사해요. 막내가 무서운 회전목마를 두 번씩이나 탈 만큼 용감해졌고, 비단잉어들에게 과자를 주며 즐거워했던 시간이 너~무 즐거운 시간이어서 감사합니다.

(2) 실패가 두려워 도전 정신이 약했었는데 성공과 현실의 차이를 극복하는데 시련의 존재가 성공으로 나아가는 필수조건임을 깨닫게 되어 감사합니다.

(3) 자전거 타고 출근하면서 회사 앞마당을 한 바퀴 돌며 또 하루 잘 지내보자고 말합니다. 회사건물도 "덩달아 기분이 좋아"라고 말을 해줍니다. 출근하는 아침, 나를 반겨주는 회사가 있어 감사해요.

감사일기 다섯

(1) 일부러 시간을 내서 운동하던 습관에서 벗어나 출근길 자전거와 함께 운동을 할 수 있어서 감사해요.

(2) 새벽 산책, 자전거로 출근. 요 두 가지를 행복시간으로 만들고 있는데 의외로 효과가 좋아요. 자전거로 출근하지 못할 때는 새벽 산책으로, 비가 오면 새벽 독서로, 운동도 되고 행복한 시간으로 만들어 놓으니깐

행복한 감정도 많이 생겨서 감사해요.

(3) 꿈나라에서도 낄낄거리는 아내와 아이들을 볼 때면 행복하고 감사해요.

감사일기 여섯

(1) 나이가 들수록 말이 많아진다더니 수다 떠는 것도 재미있네요. 좋은 벗들과 행복한 맥주 한잔. 셀프독서모임 회원들에게 감사해요.

(2) 직접 기른 싱싱한 상추. 향을 느끼며 먹은 점심. 자연이 내게 들어옴에 감사.^^

끈기가 많이 없었는데 감사일기를 3주째 쓰고 있다는 것도 감사해요~.

(3) 매일 이 행복의 시간을 주심에 감사해요. 편히 숨쉴 수 있어서, 마음껏 움직일 수 있어서, 지금의 행복을 느끼려 노력하고 있어서, 감사일기를 쓸 수 있어서, 작은 행복에 진리가 있음을 알아갈 수 있어서 감사해요.

감사일기 일곱

(1) 자전거에 홀딱 반했음. 가슴을 열고 바람을 맞는 이 기분을 주심에 감사해요. 언덕길을 투덜거리고 오르다, 이마에 흐르는 땀방울의 의미를 다시 느꼈습니다. 낑낑거리고 올라와 내리막길에서 한 팔을 벌리고 가슴에 바람을 맞으니 행복이 마구 들어오더군요.

(2) 오르막길이 있으면 내리막길이 있는 것을… 배우고, 노력하고, 즐

기며 나아가면 행복은 높은 산봉우리에 있는 것이 아니라 오르고 내리는 언덕길에 다 있어 감사해요.

감사일기 여덟

　(1) 아! 상쾌한 아침, 버림의 중요함을 되새겨볼 수 있어 감사해요. 비가 내린 후 맑고 깨끗한 아침, 온갖 먼지를 빗물이 쓸고 갑니다. 우리가 목 놓아 울고 나면 가슴속 찌꺼기가 없어지는 듯합니다. 자전거 출근길 다리 밑에 배수로를 설치하지 않아 고여 있는 물을 지나다 나도 저 물웅덩이처럼 삶을 부여잡기만 하고 있는 건 아닌지 반성해 봅니다. 고이면 썩게 되는데, 오늘 하루는 버리는 연습을 해보렵니다.

감사일기 아홉

　(1) 드디어, 역사적인 순간이 다가왔습니다. 7년을 기다린 보람이 눈앞에 펼쳐집니다. 아내가 불러 가 보니 눈을 의심할 일이 벌어진 것입니다. 헐~ 완벽한 설거지 패션에 고무장갑이 아니라 고무장화 같이 크게 보이는 장갑을 끼고 설

거지를 하고 있는 막내의 행동.

 '이젠 고생 끝났다' 는 생각까지 들어 잘 한다고 가서 머리를 쓰다듬어 주었는데 거실 바닥이 한강이 되어 있습니다. 꼬마 가정주부가 일을 마치는 동안 저는 강물을 퍼냈습니다. 막내 덕분에 재미있는 하루를 보낼 수 있어 감사해요.

감사일기 열

 (1) 꼬마 피카소의 무슨 그림일까요? 작가의 설명에 따르면, '스마일' 이라는 작품이랍니다. 유치원 선생님이 다가오는 걸 본 막내가 모래에 그린 그림을 발로 쓱쓱 지웁니다. "왜 지워?" 물어보았더니 아빠만 보여 준다고 합니다. 유치원 가는 길에 행복이 기다리고 있어 감사해요.

아빠와 아버지

"막내야, 책상위에 아빠 보던 책 좀 가져다줘."

"아빠가 아니고 아버지예요."

아빠란 말이 집에서 없어졌다. 아이들에게 아버지, 어머니라고 부르게 했다. 말을 어떻게 하느냐에 따라 사람의 운명도 좌우된다고 한다. 급하고 바빠진 시대에 아버지, 어머니라니… 좀 어색하기도 하다. 그러나 '아빠'라고 하는 것보다 '아버지'라고 하는 말이 조급함을 덜어준다.

"얘들아, 아빠라고 불러봐라."

"아빠."

"이번엔 아버지라고 불러봐라."

"아버지."

"아빠, 아버지 둘 중 어느 것이 급하게 느껴지고, 어느 것이 편하게 느껴지는 거 같아?"

"아빠라고 말할 때에는 급한 거 같고, 아버지라고 말하면 아빠보다 부

드러운 것 같아요."

"그래, 맞아. 아빠라고 부르면 급하게 되지. 반대로 아버지라고 부르면
편안하면서도 느긋해진단다."

그 후로 아이들이 아버지라고 부른다. 말에 따라 힘이 생길 수도 있고
빠질 수도 있다.

건강이 안 좋아서 5일 동안 강원도 산방에 가 있을 때, '뱃속이 따뜻해
야 건강하다'는 걸 알게 되었다. 뱃속이 차가워지면 건강도 해칠 수 있다
고 했다. 따뜻하게 생활하는 게 좋다고 한다. 너무 과격한 운동도 몸을 차
갑게 만들 수 있으니 자제하는 것이 좋다. 찬물을 벌컥벌컥 마시는 것보
다는 따뜻한 물을 먹는 게 좋다. 말도 어떻게 하느냐에 따라 뱃속이 차가
워진다고 한다. 남을 비방하고 무시하는 말이나 욕설은 몸을 차갑게 만
들어 나쁜 영향을 준다. 친구를 부를 때 "야!" "어이~"라고 하면 듣는 사
람도 기분 나쁘지만 부르는 사람도 뱃속이 차가워진다고 한다.

'아버지'란 말이 아이들 입에 붙었다. 어린애들이 애 늙은이 같다고 말
하시는 분들도 계시지만, 대부분 신기한 듯 바라보며 듣기 좋다고 한다.
그 후로는 아내와도 가급적 서로 존댓말을 쓰고 있다. 처음에는 어색했
는데 서로에 대한 배려심이 더 많아진 것 같다.

'그럴 수도 있지'하는
배려가 생긴다

아버지라고 부르게 하니 또 덩달아 달라진 게 있다. 바로 말을 끝까지

들는, 경청하는 자세가 좋아진 것이다. 짧은 말일수록 상대의 말을 듣는 배려가 부족해진다. 아버지라고 부르면서 아이들이 전보다 상대방의 말을 끝까지 들으려고 하는 모습이 보인다. 나 또한 아내에게 존댓말을 쓰다 보니 말하는 도중 대꾸하던 버릇이 많이 고쳐졌다. 아내 또한 좋아진 걸 느낀다.

화가 나면 대개 말이 짧아지기 마련이다. "야!" "너~" "뭐야?" 상대의 말을 들으려 하지 않는다. 여유가 없어진다. 느리게 말하는 것이 답답할 줄 알았는데 오히려 삶에 도움이 된다. 말 한마디로 천 냥 빚을 갚는다. 기왕이면 좋은 말로 상대를 대하면 건강도 챙길 수 있다. 상대를 배려하고 즐겁게 만들 수도 있다.

집에서 '아버지'를 가장 잘 부르는 아이는 유치원에 다니는 막내다. 형이나 누나는 급할 때 자신도 모르게 '아빠'를 찾는다. 그럴 때도 막내가 나서서 말을 고쳐준다.

"누나, 아빠 아니야. 아버지라고 불러야지."

어릴수록 더 잘하는 이유가 뭔지는 모르겠지만 기특하다. 나 또한 막내의 지적을 당할 때가 있어 오히려 배우는 입장이 됐다. 말 한마디가 건강에도 영향을 준다. 상대가 무슨 말을 하든 '그럴 수도 있지'라고 생각해야 좋다고 한다.

한 번은 다른 사람을 통해 누군가가 나를 비방한다는 소리를 들었다. 오해가 있어 그런 건지 다른 의도가 있었는지는 모르겠다. 비방을 한 상대에게 직접 들었다면 화를 내든가 해명을 하든가 하는데 그럴 입장도 아니다. 시간이 지날수록 계속 오해를 하면서 마음이 불편해 힘들었다. 그

때 나를 진정시켜준 한마디가 '그럴 수도 있지'였다. 내 마음을 나도 잘 모르겠는데 상대의 마음을 어떻게 알겠는가? 화를 내기보다 그 사람 입장에서 '그럴 수도 있지'라고 생각하니 마음이 편했다. 그리고 한동안 잊고 있다가 오해가 풀렸고, 결국에는 주위 사람이 오히려 나에게 "왜 아무 말도 안 했어?"라고 물어보기까지 했다.

"당신은 할 수 있어요"

가정에서 부르는 '아버지'와 '아빠'의 차이는 적은 것 같지만, 다른 관점에서 보면 엄청난 차이가 있다. 그 말로 인해 생각도 따라 바뀌니, 이 얼마나 말의 힘이 큰 것인가. 제3자의 입장에서 자신을 바라볼 수 있다면 더욱 좋을 것이다. 내가 화가 났구나, 지금 슬프구나, 남을 바라보듯 객관적으로 자신을 대한다면 분명 상대를 배려하는 마음이 더 커질 것이다. 아이들이 커가면서도 '아버지'라고 불러주면 좋겠다.

좋은 뜻으로 상대에게 힘이 될 수 있는 말이 무엇인지 알면 좋다. 별것 아닌 것 같은 한마디 말이 힘이 될 수 있다.

"당신은 할 수 있어요." 힘들어 하는 모습이 보이면 지나가는 말로 아내가 한마디 해준다. 그러면 신기하게도 힘이 난다.

좋은 말을 자주 하는 데 돈이 드는 것도 아니고 누군가가 힘을 얻을 수 있다면, 이 얼마나 멋진 일인가.

독서모임

책과 만난 후, 다섯 명 회원으로 구성된 독서모임에 나가고 있다. 20대 30대 40대, 나이도 다양하고 직업도 제각기 다르다. 일주일에 한 번 모임에 나가는 일이 즐거우니 자연스레 모임날이 기다려진다. 책으로 만난 인연이기에 대화를 하다 보면 다양한 관점의 말을 들을 수 있어 좋다. 혼자 읽으며 알아가는 세상보다 여러 사람들과 같이 이야기하는 것이 즐겁다. 운동모임이나 술자리에서 하는 이야기와도 다르다. 한 가지 주제를 가지고 이야기하기도 하고, 자신의 관심 주제를 말하기도 한다. 또 자신에게 책이 들려준 '변화'를 말할 때는 공짜로 지혜를 얻는 것 같다.

일주일 동안 생활하면서 책을 통해, 사람들과의 만남을 통해, 깨달은 점을 말할 때면 놀라기도 한다. 젊은 사람들과 소통도 잘된다. 책이라는 공통된 주제가 있어 그런 것 같다. 서로 매이지 않고 교류할 수 있는 점도 좋다. 더불어 좋은 책을 서로 소개받을 수 있는 장점도 있다. 차 한 잔만 있으면 어느 장소에서도 훌륭한 모임이 된다. 모임 형식도 자유롭다. 회비도 없고 각자 계산한다. 참가하고 싶은 사람만 오면 된다. 격식도 필요하지 않고, 다만 즐겁게 책을 가까이 하면 된다. 책이 주는 묘한 끌림과, 회원들과의 대화에서 자연스레 성장하게 된다. 여러분도 주변에 작은 모임을 만들어보길 바란다.

유유상종 :
상대방의 성장에 나도 성장한다

독서모임에 1년 정도 나가고 있다. 시간이 흘러도 내가 얼마나 성장하고 있는지는 스스로 잘 느끼지 못한다. 하지만 상대방이 변화되는 모습을 보면 흐뭇해진다. 독서모임의 큰 장점 중 하나는 서로 영향을 주며 성장을 돕는다는 것이다. '유유상종'이라고 하지 않는가. 비슷한 수준의 사람들끼리 잘 어울린다. 보통 만남을 통해서 서로에게 위안을 받을 수는 있지만 성장을 하기란 쉽지 않다. 독서모임은 친목을 도모하는 일반 모임과 다르게 책을 통해 상대방의 성장을 직접 보고 느낄 수 있다. 또 그속에서 자신도 모르게 영향을 받아 분발하게 된다. 짧은 시간에 사람을 변화시키는 것 중 책보다 강력한 것이 있을까? 없을 것 같다.

독서모임은 책을 더 열심히 보게 되는 동기부여를 해준다. 새로 사귄 벗들과 즐겁게 지내며 서로에게 변화의 영향을 줄 수 있는 시간을 갖는다는 것은 행복한 일이다.

틀림이 아닌 다름을 인정한다

여러 사람이 모이다 보면 책을 통해 이야기한다 해도 불협화음이 생기기도 한다. 자신의 생각만 주장하다 독선에 빠질 수도 있다. 그로 인해 모임에 충돌이 생길 수도 있다.

현재 나가고 있는 모임에서는 서로의 다름을 인정한다. 자신의 생각만이 옳다고 말하지 않는다. 다름을 틀림으로 해석하지 않는다. 서로의 주장에 관점이 다를 수 있음을 인정한다. 나와 다른 생각에서 말하는구나, 그러나 상대의 말을 '틀려!' 라고 단정하지 않는다. 그 사람의 사고 그 자체를 인정한다. 그러한 마음이 있어야 상대방도 내 생각을 들어줄 수 있다. 일방적인 주장은 소통을 막는 적이다. 소통이 막히면 독선으로 흘러간다. 그리고 자신만의 세상에 갇히고 만다. 바다는 가장 낮은 곳에 있기 때문에 모든 것을 받아들인다고 한다. 자신의 주장만이 옳다고 말하는 모임이 오래가는 것을 본 적이 없다.

독서모임에서 여러 사람의 말을 들으며 느끼는 좋은 점 중 하나는 '경청'이다. 상대의 말을 끝까지 듣는 인내심이 길러진다. 모임에 나오기 전에 나는 상대의 말이 끝나기 전에 대꾸하는 경우가 많았다. 잘 듣지 못하던 그 버릇이 독서모임 덕분에 고쳐졌다. 잘 듣게 되면 잘 이해할 수 있다. 그러므로 대답도 잘할 수 있다. 말을 조리 있게 하는 것보다, 잘 듣는 것이 열 배는 더 어려운 거 같다. 경청을 잘 할수록 상대의 변화를 더 많이 볼 수 있다.

독서모임을 하면서 서로 읽는 책에 대한 소감을 글로 써본다. 글로 표현하는 것은 말하는 것과 또 다른 작업이다. 생각을 글로 쓰다 보면 말보다도 더 의미 전달이 잘 된다. 모임에서는 발표할 것을 미리 적어와서 서로에게 인쇄물을 나눠주기도 한다. 말을 하다 보면 주제에서 벗어나 배가 산으로 갈 때도 있는데, 글로 적어오면 그런 일은 생기지 않는다. 또 좋은 내용들을 서로 공유할 수 있다는 장점도 있다. 그 덕분에 지금 이렇게 글을 쓸 수 있게 되었다. 책을 접한다면 어떤 형식에 구애받지 않고 글로 써보기 바란다. 독서노트를 써보는 것도 좋은 방법이다.

독서모임을 통해 서로 토론하며 시간이 흐를수록, 아름다운 삶을 산 사람들을 닮고 싶어진다. 조건 없이 사람들을 사랑한 분들을 본받고 싶게 된다. 서로에게 힘이 되고 사람들과 더불어 행복을 생각해보는 독서모임을 계속 이어가고 싶다.

현실의 내가 조금 미흡하더라도, 닮고 싶다는 마음만으로도 충만한 안정이 찾아온다.

2년
…
변화는 항상
숨을 쉰다

패러다임 전환

"책을 읽으면 점점 의문이 선명해진다." - 김진애

"저쪽에서 '당신들이 항로를 20도 바꾸시오'라는 신호가 왔다.

선장은 '나는 선장이다. 그쪽이 20도를 움직여라'라는 신호를 보내도록 명령했다.

'저는 이등 항해사입니다. 그쪽이 20도 바꾸는 게 좋겠습니다'라는 응답이 돌아왔다.

그러자 선장은 매우 화가 나서 소리쳤다.

'우리는 전투함이다. 당장 진로를 20도 변경하라.'

조명 빛과 함께 다시 응답이 돌아왔다. '저희는 등대입니다'라고.

우리는 즉시 항로를 변경하였다."

스티븐 코비의 《성공하는 사람들의 7가지 습관》에 나오는 패러다임 전환에 대한 내용이다. '패러다임'의 뜻이 어려워서 사전을 찾았다.

'어떤 한 시대 사람들의 견해나 사고를 근본적으로 규정하고 있는 테두리로서의 인식의 체계. 또는 사물에 대한 이론적인 틀이나 체계.'

도통 무슨 말인지 모르겠다. 그러나 일단 등대와 충돌하지 않으려면 전투함이 진로를 바꾸어야 한다. 직장인이라면 누구나 시간이 지나면 퇴직이란 등대를 만나게 된다. 책을 통해 삶을 변화시키고 싶은 이유 중 하나가 '퇴직'이다. 지금의 생활을 유지할 수 있다면 괜찮겠지만 직장인이라면 등대와 같이 서 있는 퇴직과의 충돌을 피할 수 없기 마련이다.

사고의 전환

책을 접하기 전에는 푸념만 늘어놓기 일쑤였다. 나이가 들어가는 걸 서글퍼했고, 그렇게 생각하며 지내는 것이 다였다. 퇴직이라는 등대와 충돌을 피하는 길을 찾아야 하는데, 항로를 바꾸려는 생각을 어떻게 해야 하는지 몰랐다.

패러다임을 바꾸기 위해서는 일단 자신의 퇴직을 정확히 바라보아야 한다. 그리고 행동을 해야 한다. 아직은 멀게만 보이기도 한다. 그러나 가까이 다가갈수록 돌아가는 것을 생각하지 않으면 위험해진다. 항로를 변경하려면 무엇을 해야 하는가? 당장 어떻게 해야 할지 막막하다.

"우리가 직면한 중대한 문제들은 그 문제들이 발생한 때 갖고 있던 사고방식으로는 해결할 수 없다"고 아인슈타인은 말한다. 변화된 사고를 할 수 있는 능력이 필요하다. 그러기에 책을 억척스럽게 읽고 있는 것이다.

직장에서는 책 보는 분위기가 확실히 좋아졌다. 또 그 여파가 회사에도 긍정적으로 미치고 있었다. 매출 저조에 대한 방안을 찾기 위한 영업회의도 전과 많이 달라졌다. 책을 보기 전에는 '지금보다 더 노력하자'로

회의를 끝냈다. 그러나 지금은 다르다.

"노력하면 될까?"

"경기가 침체되어 방법이 없어요."

"지금도 열심히 노력하고 있는데 무엇을 더 노력한단 말이야?"

'노력이 아니다'라는 문제 제기에서 출발하여, 주문 패턴을 바꿀 수 있는 방법을 찾는 쪽으로 회의가 진행되었다. 고객이 주문을 넣을 때까지 기다리던 기존 관행에서 벗어나, 고객의 주문 업무를 대신 처리하는 방식으로 사고의 전환을 해보자는 것으로 의견이 모아졌다. '영업자가 직접 재고파악을 해서 고객에게 필요한 주문의견서를 보여주자'는 것이다.

고객 중심의 주문을 공급자 방식으로 바꾸어 현장에서 대입해보았다. 급격히 매출이 증가하지는 않았지만 사고 전환을 한 영업방식에 반응이 즉시 온다. 바빠서 주문을 미루던 거래처들은 오히려 좋아한다. 등대를 보고 소리치지 않고 무엇을 변화시킬 수 있는지, 책을 통해 '사고의 전환'이 답이라는 걸 알게 된다.

다른 시선으로
현재를 바라보는 연습이 필요하다

바쁘게 사는 게 옳은 것일까? 꿈이 클수록 좋은 것일까? 돈이 많으면 행복한 것일까?

평소 생각하지 않았던 관점에서 보려고 하니 생소하고 어색하지만, 또 한편으로는 신선하고 재미있기도 하다.

‘1등만 생각하는 더러운 세상.’ 한때 유행한 개그맨의 말이다. 1등에 목매는 우리의 생각이 혹시 등대는 아닐까? 2등이 제일 좋다고 생각하면 어떨까? 또 꼴찌가 가장 행복할 수도 있지 않을까?

늦은 나이에 책을 알게 되고 조급한 마음에 무리하게 독서를 한 적이 있다. 그 부작용으로 오히려 책을 멀리하게 되었다. 그때 ‘꼴찌로 출발했으니 뒤에서 날 추월할 사람은 없다’고 생각을 바꾸고 나니 책읽기가 편해졌다.

맞벌이 생활을 하며 책을 알기 전에는, 매일이 바쁘고 힘들다고 생각했다. 그러나 생각이 변해가면서 현재의 생활에서도 즐거움을 많이 느끼고 있다. 직장 생활도 더 활기차졌다. 불안한 미래의 노예가 되기보다 현재의 다양한 삶을 계획하게 된다.

관성의 법칙에 따라, 움직이기 시작한 것은 계속 움직이려 한다. 생각의 전환도 자주 경험한다면, 점점 더 나은 방향으로 나아갈 수 있는 길을 알려줄 것이다.

생각도 근육이 있는 것 같다. 찾으려고 자주 노력하면 할수록 더 쉬워진다.

독서경영
별거 있나요!

2011년에 책을 읽기 시작하면서 회사에서도 자투리 시간이 날 때마다 독서를 했다. 수시로 책 읽는 모습이 보이니 이제 부사장이 틈틈이 독서하는 건 직원들에게도 당연한 일로 비춰지고 있다. 처음 책을 읽기 시작해 100권 정도 읽었을 때, 직장 전체에 책 읽는 문화를 만들면 좋겠다는 욕심이 들었다. 마침 회사에서 도서구입비 일부를 지원해주고 있었기 때문에 직원들과 함께 읽는다면 회사에도 좋은 영향을 미칠 것이라는 확신이 들었다.

'그래, 한번 해보자. 이렇게 좋은 독서를 혼자만 하기는 아깝지 않은가.'

한 달 열 권으로
늘어난 독서문화

체계적인 시스템을 만들어 독서경영을 하는 회사들만큼은 아니어도 우리 회사도 충분히 할 수 있겠다는 생각이 들었다. 독서경영의 본질도 따지고 보면 시스템이 아닌 책을 통한 배움에 있기 때문이다.

'그래, 독서경영 별거 아니다. 수시로 책을 보는 문화가 자리한 직장을 만들면 되는 것이다'라고 정의를 내리고, 어떻게 하면 자연스럽게 모두가 책을 접할 수 있을까를 고민했다.

시작은 일단 거부감이 들지 않도록 하는 게 가장 중요했다. 독서를 싫어하는 사람에게 강압적으로 책을 보라고 하면 역효과가 날 것 같아 영업자 모두에게 《실행이 답이다》를 구입해 선물로 주었다. '실천에 참고할 내용이 많이 들어 있다'는 말과 함께 '실행을 하기 위해 유혹을 차단하는 작가의 이야기가 들어 있다'고 넌지시 말했다. 19세기 프랑스 최고의 작가 빅토르 위고는 "글을 쓸 때면 하인에게 옷을 몽땅 벗어주며 해가 진 다음에 가져오라고 했다"고 소개한 내용을 알려주었더니 다들 호기심을 보였다. 아니나 다를까 보름이라는 시간이 걸렸지만 전 직원이 책을 읽은 것을 확인할 수 있었다. 생각보다 책에 대한 거부 반응이 없어 아침회의 때 《실행이 답이다》를 읽고 느낌이 어땠는지 물어보았다.

"일을 실천할 때 각오와 계획을 세워놓고 추진해도 용두사미가 되는 경우가 많았습니다. 그러나 실행을 하기 위해서는 계획만 세우는 것이 아니라 결심하고, 실천하며, 유지하라는 3단계 과정을 이해하고서는 유지를 위해 매일 확인할 수 있는 저만의 표를 만들어 관리해보니 실행을 지속시킬 수 있었습니다."

김 과장은 자신의 거래처에 빠짐없이 전화 영업을 한다는 각오와는 달리 실행을 유지하는 것이 잘 안 됐는데 책을 통해 실행에는 결심, 실천도 중요하지만 유지하는 것이 더 중요하다는 것을 알았다고 말한다.

원리를 알고 실천하는 것과 무조건 열심히 노력하는 것에는 차이가 있다는 걸 알게 된 것은 책 덕분이다. 생각보다 효과가 대단한 것을 느끼고 사무실에 매달 다섯 권의 책을 비치해주었다. 시간이 흐르면서 직원들의 책 읽는 모습을 직장 여러 곳에서 자연스럽게 볼 수 있었고, 그로 인해 누가 뭐랄 것도 없이 선순환이 되며 직장에 독서문화가 생겨나기 시작했다.

매달 다섯 권씩 비치해주는 도서는 주로 업무에 관련된 영업, 마케팅, 고객관리 분야의 책이었다. 6개월이 지나면서는 다양한 분야의 책을 선택해서 볼 수 있게 해주었다. 그러는 과정에서 아침회의 시간에 한 과장이 열 권으로 늘려달라는 건의를 했다. 이유는 다섯 권을 서로 돌려보니 빨리 읽는 사람이 기다리는 시간이 많이 생겨 불편하다는 것이다. 그런 말을 해주니 오히려 기쁜 마음으로 다음 달 배로 늘려 열 권을 사무실에 비치해주었다.

회사에서 책을 읽는 문화가 자리를 잡으면, 슬럼프가 왔을 때나 나태해지려 할 때 주위에서 책을 읽고 있는 모습을 보며 마음을 다시 잡을 수 있다는 이점도 있다.

책을 늘려
독서토론을 하다

1년 정도 시간이 흐르며 회사에서 100권 가까운 책을 읽으면서 서로 독서에 대한 이야기들이 많아졌다. 독서력이 쌓이자 슬슬 욕심이 더 생긴다. 기왕 시작한 거 독서모임을 만들어봐야겠다는 생각이 들었다. 직장 밖에서 독서모임을 해보니 여럿이 서로의 생각을 들으며 책을 읽는 것은 혼자만 읽을 때 자칫 빠지기 쉬운 독선을 방지해주는 윤활유 역할도 되었다. 유통회사의 구조상 토요일 오전까지 근무하는 관계로 일하기 전 아침 20분 정도 독서토론 시간을 만들어 일주일간 읽은 책에 대한 소감이나 깨달은 것 등을 발표했다.

독서토론에 적극적으로 참여하는 모습을 보고, 직장 밖에서 한 권의 책을 가지고 서로 토론하던 《논어》를 회사에도 적용시켜봤다. 처음 책을 한 권씩 선물해준 것처럼 다시 《논어》를 구매해서 나누어주었다.

"공자께서 말씀하셨다. 그 사람이 하는 것을 보고, 그 동기를 살펴보고, 그가 편안하게 여기는 것을 잘 관찰해보아라. 사람이 어떻게 자신을 숨기겠는가? 사람이 어떻게 자신을 숨기겠는가?"

이 부장이 구절을 읽고 말을 이어간다.

"저는 〈위정〉 10편에 나오는 말처럼 '사람이 행동하는 것을 보고, 그가 생각하는 가치를 본다. 그리고 그가 편안해하는 것, 즉 습관을 보면 그 사람을 알 수 있다'는 말 같습니다. 자신의 가식적인 것을 숨기려 해도 숨길 수 없듯 결국 드러나게 되어 있습니다. 생활을 올바르게 살아가려 노력해야겠다는 생각이 듭니다. 일상에서 아무리 몸부림쳐도 결국 자신이 편안해하는 것은 자신도 모르게 나타나기 때문입니다."

논어를 잘 이해하지 못해도 구절의 의미를 자신이 소화해낸 사고로 서로 발표를 할 때, 많은 것을 생각할 수 있는 계기가 돼서 좋다. 토론의 즐거움을 알아가며, 업무에 관련된 책도 선정해가며 현재도 독서토론을 계속 이어가고 있다.

최근에는 알 리스, 잭 트라우트의《마케팅 불변의 법칙》과 손무의《손자병법》을 가지고 토론을 했다. 토론 시간도 기존보다 늘려 30분에서 길게는 1시간 정도 하고 있다. 꼭 회사에 적용하려는 책읽기가 아니어도 자유로운 발표를 하다 보면 생각지 못한 아이디어나 좋은 점을 발견하게 되기도 한다. 이럴 땐 희열을 느낀다.

독서문화 정착으로
1인 기업이라는 사고를 갖는다

2년이 지나가며 직원들이 읽은 책이 200권을 넘었다. 처음에 시작할 때 적극적으로 생각한 사람도 있었고, 그에 비해 동료가 읽으니 나도 한다는 식으로 소극적으로 대한 사람도 있었다. 그러나 독서하는 회사 분위기는 그전과 비교할 수 없을 정도로 변했다.

독서문화가 회사에 정착되면서 변화가 생겼다. 직원들 각자가 스스로 일에 대해 적극적으로 바뀌고 있다. 지시에 의해 행동하는 게 아니라 자발적으로 행동하고, 주인의식도 생긴 것이다. 짧은 기간이지만 마음가짐이 변화하는 것을 지켜보며 놀랄 때가 많다. 조금씩 회사 실적에도 그 영향이 나타나고 있다. 책을 통해 변화한 모습들이 땅이 다져지듯 조금씩 단단한 기초를 이루어가고 있다.

스스로 헤쳐 나가려는 자세는, 정신교육을 시키고 성과급을 준다고 해서 생기는 게 아니다. 생각이 커지지 않으면 직원으로써 자신에게 주어진 일만을 해결하려 한다. 여기에서 독서의 힘이 발휘된다. 직장에서 독서문화가 완전히 정착되면서 항상 책이 같이 하고 있으니 생각이 커질 수밖에 없다. 생각이 커지면 보는 시선이 달라진다. 스스로 1인 기업이 되어 판단하고 행동하는 마인드를 갖게 된다.

3년을 직장에서 책과 함께 해오면서 내가 느낀 것은 독서경영이라는 것이 결코 거창하고 접근하기 어려운 게 아니라는 것이다. 독서경영의 성공은 스스로 기업가의 사고를 갖고 자신의 맡은 일을 얼마나 자발적으로 하는가에 달려 있다고 할 수 있다. 책을 통해 서서히 변해가는 직원들을 보면 답이 보인다.

하루 중 가장 많은 시간을 보내는 일터에서 책을 읽으며 자신을 발전시켜 나갈 수 있다면 이보다 더 멋진 일은 찾기 쉽지 않을 것이다.

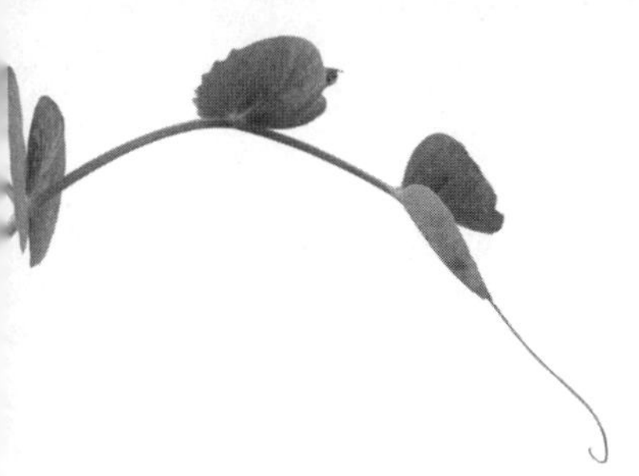

명함 뒤에 새긴
진정한 성공

"자주 웃는 것,

현명한 사람에게 존경받고 아이들에게 사랑받는 것,

정직한 비평가의 찬사를 받는 것,

친구의 배반을 참아내는 것,

아름다움을 구별할 줄 알고, 다른 사람에게서 최선을 발견하는 것,

건강한 아이를 낳든 한 뙈기 정원을 가꾸든 사회 환경을 개선하든,

자신이 태어나기 전보다 세상을 조금이라도 살기 좋은 곳으로 만들어

놓고 떠나는 것,

그리고 자신이 한때 이곳에 살았음으로 해서 단 한 사람의 인생이라도

행복해지는 것,

그것이 진정한 성공이다."

랠프 왈도 에머슨은 진정한 성공에 대하여 이렇게 말한다. 우리는 성
공을 이루기 위해 살아간다. 성공을 이루기 위해 계획과 목표를 세우고

노력한다. 그리고 성공 뒤에 따라오는 달콤한 시간을 누리는 보상을 생각한다. 그래서 더욱 자신만의 성공을 생각하며 달려간다.

내 성공 앞에는 그 무엇도 있을 수 없었다. 모든 것은 나 자신이 성공을 하고 난 후의 일이었다. 성공한 후에 남을 도와주고 신경 쓸 수 있는 여유를 부릴 수 있다고 생각했다. '곡간에서 인심난다'는 속담처럼 없는 살림에 무슨 인심을 쓸 수 있단 말인가. 그래서 나 자신만을 위한 성공에 온 힘을 썼다. 그런데 에머슨의 진정한 성공을 접하면서 내가 알고 있던 성공의 주머니에 바늘구멍만한 구멍이 뚫려버렸다. 자신만을 위한 성공은 무엇을 위한 성공인가? 다시 뒤를 돌아보게 했다. 인생을 살아오며 나 자신만을 위한 노력은 무언가 채워지지 않는 허전함이 있었다. 나 자신만을 위해 웃고 울고, 성공도 나만을 위해, 행복 또한 나만을 위해 찾아 나섰었다. 그것은 철저하게 이웃과 따로 분리된 것이었다.

진정한 성공을 새기며 명함을 만들다

"자신이 태어나기 전보다 세상을 조금이라도 살기 좋은 곳으로 만들어 놓고 떠나는 것."

나만을 향한 성공은 행복할 수 없다는 것을 알게 되면서 현재 나만을 향해 걸어가며 주위의 모든 것을 외면하는 모습에 정신이 번쩍 들었다. 다른 사람이 나로 인해 웃을 수 있고, 행복할 수 있다면 얼마나 좋을까? 그가 웃는 모습이 나로 인한 것이라면 근사한 일일 것이다. 하고 있는 일

또한 마찬가지였다. 내 성공만을 위한 보수로 일을 한다면 그것은 진정한 성공이 아니었다. 직업에 대해서도 마찬가지였다. 남을 위한 성공의 길을 걷지 않으면 자부심과 소명의식은 발견할 수 없을 것이다. 그러기에 남을 위해 함께 가는 길만이 진정한 성공으로 가는 길이었다.

생각에 변화가 오자 주위를 둘러보게 됐다. '나만을 위한 성공의 길을 걷는 것'이 아니라 '나로 인해 타인까지 행복해지는 것'으로 성공의 정의가 바뀌었다. 때마침 명함을 새겨야 해서 명함 뒷면에 영문을 다 지우고 '진정한 성공'을 새겨 넣었다. 한 글자도 빼기 싫어 작은 명함에 깨알같이 적어 넣었다.

한 번은 거래처 분과 명함을 교환했는데 명함 뒷면에 빼꼭히 적혀 있는 글을 보시고는 고개를 끄덕여주신다.

"기왕이면 글자를 크게 하면 보기 더 좋을 것 같네요."

"그럼 앞면 제 이름도 뺄까요?"

"그렇다고 이름을 빼면 명함이 아니죠."

"불편하시지만 않다면 이름이야 볼펜으로 써 드리죠."

서로 농담을 하면서도 알게 모르게 잊혀져가던 진정한 성공의 의미를 되새길 수 있었다.

진정한 작은 성공이 모여 큰 행복을 만든다

"자신이 한때 이곳에 살았음으로 해서 단 한 사람의 인생이라도 행복해지는 것."

　거창하게 성공을 해야 꼭 행복한 것은 아니다. 작은 일에도 행복해질 수 있다면, 그것이 성공이다. 좋은 말을 하려고 노력하는 것, 그것이 성공이다. 미소를 많이 지어 보이려 하는 것, 그것이 성공이다. 남들이 버린 쓰레기를 줍는 것, 그것이 성공이다. 아이들의 손을 따뜻하게 잡아주는 것, 그것이 성공이다.

　작은 성공들이 모여 큰 행복을 만든다. 타인을 위해 내미는 작은 노력들은 결국 하나도 빠지지 않고 다시 나에게 행복으로 돌아온다.

　한때 성공은 꿈을 크게 꾸고 그것을 위해 미친 듯 살아야 이룰 수 있다고 생각했다. 그러나 꿈이 커지고 최선을 다할수록 오히려 삶의 조화와 균형이 깨지기 시작했다. 쉽게 지치고 주위를 돌아보지 않게 되었다. 나만을 위해 살면서 운이 좋아 성공했다고 해도 '행복하다' 말할 수 있을까? 아니다. 진정한 성공에 대해 생각하게 될 때마다 명함을 꺼내어 보며 오늘을 살아간다.

　"내가 태어나기 전보다 더 좋은 곳을 만드는 것. 한 사람이라도 행복에 영향을 주는 것." 진정한 성공을 마음속에 담아본다.

시련은
극복하는 것이다

**"용기는 두려움을 느끼지 않는 것이 아니라
두려움에 대한 저항이며 극복이다." - 마크 트웨인**

"두려움은 직시하면 그뿐, 바람은 계산하는 것이 아니라 극
복하는 것이다."

영화 〈최종병기 활〉 마지막 장면에서 주인공이 여동생을 구하고 죽어
가면서 독백하는 대목이다. 등골이 오싹할 정도로 소름이 돋는다. 이 한
문장으로 두려움과 시련의 본질을 명확하게 이야기하고 있으니 말이다.

일단 영화의 상황을 간단히 말하면 이렇다. 바람 부는 벌판에 적이 쏜
화살에 맞은 주인공은 고통을 참아가며 자신의 가슴에 꽂힌 하나뿐인 화
살을 뽑아 적에게 겨눈다. 적은 여동생 목에 칼을 겨누고 그녀의 뒤로 몸
을 숨긴다. 마주 서 있는 대지에 바람이 불고 팽팽하게 당긴 활시위를 놓
아야 하는 절체절명의 상황이다. 잘못하면 화살이 적이 아닌 여동생을
맞출 수도 있다.

적이 동생 뒤에서 말한다.

"두려운가?"

가슴에 피를 흘리며 활시위를 당기고 있는 주인공을 향해 다시 묻는다.

"바람을 계산하고 있는가?"

주인공은 죽어가면서 활시위를 여동생 뒤에 숨어 있는 적을 향해 당긴다. 날카롭게 바람을 가르며 날아간 화살은 여동생 옷깃을 스치며 뒤에 있는 적의 목을 거침없이 파고든다. 적이 쓰러지고 여동생을 구해낸 주인공이 죽어가며 마지막 말을 한다.

"두려움은 직시하면 그뿐, 바람은 계산하는 것이 아니라 극복하는 것이다."

두려움을
담담히 바라볼 수 있는 용기

시련에 대해 주인공의 말을 다 이해하지는 못한다. 그걸 극복한 경험이 없기 때문이다. 그러나 "두려움은 직시하면 그뿐"이라는 주인공의 말은 이해할 수 있다. 두려움의 존재는 자신의 마음에 달려 있는 것이지 실체가 있는 것이 아니기 때문이다.

20대에 있었던 일이다. 이른 겨울, 산속에서 두려움에 사로잡혔다. 지금도 기억이 생생하다. 스물 후반에 산을 좋아했다. 혼자 배낭을 메고 인적이 없는 산에 올랐다. 젊은 혈기에 산에서 혼자만의 공간속에서 하루를 지내보고 싶었다. 해발 500m도 안 되는 야산이었지만, 사람들 발길이 닿지 않은 희미한 산길을 따라 풀을 헤치며 산 능선까지 올랐다. 산에는 어둠이 빨리 찾아온다. 해가 지기 전에 텐트를 쳐야 했기에 서둘러 야영

할 장소를 찾기 시작했다. 풀이 우거져 마땅한 곳이 없었다. 한참을 돌아다니다, 능선에서 50m 아래에 있는 무덤 앞에 텐트를 칠 만한 평평한 곳을 발견했다. 무서운 생각은 들었지만 주위를 돌아봐도 딱히 방법이 없어 서둘러 텐트를 치고 불을 피우려고 나뭇가지를 주우러 갔다.

그런데 사방에 산짐승 똥이 널려 있는 게 보였다. 토끼 똥같이 작은 게 아니었다. 그 순간, 멧돼지가 떠오르며 머리카락이 쭈뼛 서는 느낌과 함께 등골이 오싹해지며 공포가 밀려왔다. 이것저것 생각할 겨를도 없이 펼쳐놓았던 텐트를 허겁지겁 거두어서 배낭에 집어넣었다. 그리고는 어둠이 내린 산을 랜턴 하나에 의지해 내려가기 시작했다. 해발이 높지 않으니 발 닿는 대로 아래로 내려가면 되겠지, 쉽게 생각했다. 그러나 인적 없는 어둠속에서 산길을 찾는 일은 만만치 않았다. 잔가지에 얼굴을 긁히는 줄도 모르고 아래로만 내려가려 했다.

초행길인 산에서 길을 잃었을 때에는 조금 멀더라도 온 길을 되돌아가는 것이 안전하다는 걸 나중에서야 알게 되었다. 하지만 그때는 두려움에 휩싸여 정신이 없었다. 내려갈 생각에만 사로잡힌 나머지, 잡목이 우거져 더 이상 내려갈 수 없는 길로 들어섰다. 겨울인데도 등줄기에서는 식은땀이 흘렀고, 나는 걸음을 멈추었다. 일단 정신을 차리려고 눈을 감고 생각했다. '나타나지도 않은 멧돼지 때문에 허둥지둥 두려워할 것 없다. 다시 온 길로 되돌아가자.'

생각을 정리하고 나니, 두려움은 내 마음 속에 있었다. 혹시나 해서 굵직한 나뭇가지를 찾아 손에 들었다. 그리고 되돌아온 길을 되짚어 나아가니 그때부터 두려움이 조금씩 사라져갔다.

한밤중에 산속에서 길을 잃고 헤매며 느끼게 되는 두려움은 상상하는 것보다 훨씬 더 크다. 산속에는 나 혼자밖에 없었고 다른 방법이 없었기에 멈춰 서 있었지만 두려움이 내면으로부터 생겨나고 있다는 걸 직시하고 나서는 뛰지 않고 걸었다. 온 길이 맞는지 차분히 살피며 한걸음씩 내딛어 무사히 산 아래로 내려올 수 있었다.

보이지도 않는 멧돼지가 두려움의 실체라는 것을 알고 그것에 휘둘리지 않게 되자, 막대기 하나를 손에 들고 내려오는 길은 더 이상 두려움의 세상이 아니었다. 두려움은 당황해할수록 더 용의주도하게 파고든다. 일단 직시해야 한다. 그러면 보이게 된다.

시련은 계산하는 것이 아니라 극복하는 것

다시 영화장면으로 돌아가보자. 주인공의 뚫린 가슴에서 피가 솟구쳐 나온다. 바람의 영향으로 여동생의 목숨을 장담할 수는 없다. 그때 화살은 바람에 영향을 받으며 날아간다. 주인공이 활시위를 놓는 순간의 마음은 어떠했을까?

적의 칼 끝 앞에서 그가 할 수 있는 일은 화살로 적의 목을 뚫는 것 뿐이었다. 표적을 향해 정확히 쏘기 위해서 바람의 세기를 고려해야 한다. 그러나 예측불허로 부는 바람을 어떻게 계산할 수 있단 말인가. 그것도 여동생을 향하여 날아가는 상황에서 말이다. 시련 앞에서 바람이 부는 것에만 집착해 생각이 흔들렸다면 활을 쏘지 못하고 그대로 무너졌을 것이다. 그러나 주인공은 바람의 세상, 즉 시련에 있는 곳에 있지 않았다. 그 순간 그는 바람이 부는 곳에 있지 않은 것이다. 그래서 당긴 활시위를 놓을 수 있었다. 날아가는 화살은 바람을 향해 날아가는 것이 아니다. 이미 시련의 바람을 극복한 화살이 되어 날아가 적의 목을 관통한 것이다.

살아가는 동안 시련은 항상 우리 곁에 도사리고 있다. 문제는 시련을 두려워하고 회피하려고 하는 우리의 태도라고 할 수 있다. 사실 현실에서 우리의 삶은 작은 시련 앞에서도 몽땅 흔들리고 만다.

시련은 극복하지 않는다면 굴복당할 뿐이다. 나약하지만 오늘 하루는 시련 앞에 당당히 맞서고 극복하는 사람이 되겠다.

행복 느낌 아니까!

창문 틈 사이로 비집고 들어와 인사하는 아침 햇살을 보며 행복을 느껴본 적이 있는가?

처음에는 행복이, 열심히 살다보면 언젠간 오겠지, 하며 기다렸다. 미래에 다가올 행복을 그리며 살았다고 하는 게 맞을 것이다. 그러나 어제도, 오늘도, 행복은 오지 않았다. 아무리 기다려도 오지 않는 행복을 미래에 저당 잡히고 노심초사 기다림의 미학으로 살아왔다.

왜! 행복은 기다려도 오지 않을까?

시간이 지나 이제는, '행복은 오지 않은 게 아니라 내 곁에 수없이 존재하고 있었다'는 사실을 깨닫는다. 그 행복을 볼 수 있는 눈을 내가 갖고 있지 못했던 것뿐이다. '그냥 열심히 살다 보면 행복해지겠지'라는 착각에서 벗어나지 못하면 행복은 영영 찾을 수 없다. 왜냐하면 행복은 무엇을 성취해야 가질 수 있는 것이 아니기 때문이다.

행복은 지금도 내 주위에 수없이 많이 존재하고 있다. 존재하고 있는 것을 또 가지려 하면 결코 행복을 찾을 수 없다.

행복은
바라는 것이 아니라 느끼는 것

한동안 개그콘서트에서 "느낌 아니까"라는 말이 유행했는데, 이 말은 행복을 표현하는 가장 적절한 말이기도 하다.

"행복! 느낌 아니까."

행복에 따라붙는 뒷 단어들을 봐도 알 수 있다. 행복을 '누리고', 행복에 '젖고', 행복을 '느낀다.' 이미 행복은 우리 곁에 항상 존재하고 있다. 언젠가 성공할 그날을 위해 열심히만 살아간다고 해서 행복이 생기는 것은 아니다. 꿈을 위해 현실을 참아내며 살아간다고 해서 행복이 생기는 건 아니다. 현재 존재하고 있는 행복을 뒤로 미루어 놓으면 어떤 답이 나올까? 성공한 후에, "그래, 넌 행복했니?"라고 물어보지는 않을 것이다.

성공의 길을 가도, 꿈을 찾아 떠나도, 현재 성공과 꿈을 위한 곳에 행복은 존재하고 있다. 행복은 지금 느껴야 한다. 이렇게 숨 쉬고 걸을 수 있음에 감사한 마음을 가질 때 행복은 다가온다.

독서를 하면서 가장 많은 변화가 생긴 부분이 바로 '행복'에 대한 생각이다. 그동안 행복에 대해 잘못 알고 있었던 편견이 지워지면서 그 공간에 행복한 감정이 채워지고 있다. 하루 종일 행복에 취해 지낼 수는 없지만, 순간순간 행복함에 감사한다.

아이들이 잠든 모습을 바라볼 수 있어 행복하고, 불어오는 바람을 맞으며 걷는 이 순간도 행복하다. 마흔을 훌쩍 넘겨서 느끼는 이 행복은 그전에는 미처 느껴보지 못한 세상이다.

행복은 공간에도 있다

잘못 알고 있었던 행복에 관한 편견이 없어지면서 공간에도 행복이 존재함을 느낀다. 이따금 힘에 부치고 혼자 있고 싶을 때 찾는 장소가 있다. 운동장 관중석이다. 평일 사람이 없는 텅 빈 공간에 30분 정도 관중석 의자에 비스듬히 등을 대고 앉아 멍하니 경기장을 응시하고 있다 보면 마음이 차분해진다. 혼자만의 시간을 누리다 보면 어느새 사람들과 함성을 지르며 응원하고 싶은 생각이 든다. 고요함속에 이곳에 있는 것만으로도 행복을 느끼는 감각이 다시 살아난다.

행복을 잘 몰랐을 때는 운동장이 '나의 행복 공간'인줄 몰랐다. 행복을 알고 나니, 언제든 필요할 때 어깨를 기댈 수 있는 공간이 있다는 게 참 멋진 일이란 것도 알게 되었다.

바라는 것이 없을수록
더 많아진다

조건이 붙는 것에는 행복이 함께하기 어렵다. 남을 즐겁게 해주고 싶은 마음으로 주는 선물은 상대를 행복하게 하고, 상대의 웃음소리에 내가 행복해진다. 고맙다고 내민 손을 잡으면 따스함이 전해져 행복하다. 행복은 오감으로 느낄 수 있는 것이다. 행복은 현재에 알 수 있는 것이지 미래에 아는 것이 아니다. 느낄 수 있어야 하기에 손에 잡힐 듯 잡히지 않는다고 원망을 한 적도 있다. 그러나 그러기에 더 소중하다.

책을 만나기 전에는 로또에 당첨되어야 행복할 것 같았다. 꿈을 이루어야 행복할 거라 믿었다. 성공해야 행복할 것 같았다. 현실에서 목표를 달성하면 행복이 찾아오는 줄 알았다. 그러나 행복은 어느 곳에서도 만들어지지 않았다. 부나 명예가 행복의 필요조건은 아니다. 행복은 항상 내 주위에 존재하고 있고, 그걸 느끼고 싶을 때 언제든 나에게 보여준다.

행복하고 싶다면 얻으려고 노력하지 말고 내 주위에 수없이 많이 존재하는 선물을 찾아 나서자. 그리고 오늘 하루의 행복을 느끼며 살아가자.

사람은 변해야 한다

"아무것도 변하지 않을지라도,
내가 변하면 모든 것이 변한다." - 오노레 드 발자크

사람은 잘 변하지 않는다. 나이가 들면 고집도 세지고 세상을 바라보는 시선도 어느 정도 고정되어 더 그렇다. 좋은 것이야 변하지 않는 게 좋겠지만 버려야 할 것들을 담아두고 변하지 못한다면 안타깝기 그지 없다. 옹골차게 한 방향만을 보고 가는 사람에게 변해야 한다고 백 번을 말해도 소용 없다. 그의 시선을 돌아보게 하는 것이 최선의 방법이다.

아잔 브라흐마 스님의 《술 취한 코끼리 길들이기》에 나오는 벽돌 두 장에 대한 글을 읽으며 한 곳만을 바라보던 나의 삶을 돌아보게 되었다.

밀림에 있는 한 가난한 절에 스님들이 직접 벽돌로 벽을 쌓는다. 아잔 브라흐마 스님도 처음 해보는 일이라 서툰 솜씨지만 열심히 작업을 한다. 한참을 쌓아 올리던 중, 벽 중간에 있는 벽돌 두 장이 어긋나 있는 걸 발견한다. 그러나 그동안 시멘트가 굳어버려 비뚤어진 중간 벽돌을 뺄 수 없게 됐다. 두 장의 벽돌 때문에 벽을 무너뜨리고 다시 쌓아야 한다는

124

의견과 그대로 작업을 해야 한다는 스님들의 의견이 갈라졌다. 서로의 의견을 들은 주지스님은 그대로 계속 작업을 하라고 지시했고, 결국 벽돌 두 장이 삐뚤어져 있는 상태로 벽이 완성된다.

아잔 브라흐마 스님은 벽을 볼 때마다 어긋나 있는 두 장의 벽돌 때문에 항상 마음이 불편했다. 시간이 흘러 절을 찾은 한 방문객이 그 벽을 보고 아름답다고 감탄을 한다. 그 말을 옆에서 들은 아잔 브라흐마 스님이 삐뚤어진 벽돌 두 장이 보이지 않느냐고 반문하자, 방문객이 말한다.

"잘못 얹힌 두 장의 벽돌이 보입니다. 하지만 제 눈에는 더없이 훌륭하게 쌓아 올려진 998개의 벽돌들도 보입니다."

스님은 그제서야 두 장의 벽돌만을 바라보던 시선을 들어 그동안 있어도 보지 못한 훌륭하게 쌓은 아름다운 998개의 벽돌을 발견한다.

책을 통해
잘못된 지식을 과감하게 버린다

책을 만나기 전 삶을 바라보던 나의 시선은 어떠했는지 생각해본다. 평범한 인생이라 안 되고, 삶이 바빠서 못하고, 불평불만의 두 장의 벽돌에서 시선을 들지 못했다. 세상을 살면서 핑계라는 벽돌 두 장을 바라보느라 멋지고 아름다울 수 있는 내 장점들을 볼 수 없었던 것이다. 생각에 변화가 생기면서 눈을 들어 나의 장점을 바라보기 시작했고, 사람은 누구나 변할 수 있는 존재라는 걸 알게 되었다. 시선이 바뀌고 나는 이미 준비가 되어 있다는 생각을 하는 순간, 이렇게 글도 쓸 수 있게 됐다.

잘못 놓인 두 장의 벽돌만을 바라보고 산다면 인생은 더 이상 움직일 수 없다. 고개를 드는 순간, 변화가 시작된다. '사람은 잘 변하지 않는다'라는 말은 시선이 어디를 바라보고 있느냐에 따라 달라질 수도 있다.

"부정적인 후회파가 아니라 긍정적인 회상파가 되라"라는 구절을 어느 책에서 읽었다. 맞는 말이다. 과거에 매여 현재를 구속당하면 한 발짝도 변할 수 없다. 과거를 후회한다고 나에게 돌아오는 것은 무엇일까? 후회만 하지 말고 좋은 추억으로 바꿔 생각해볼 수도 있다. 부정적으로 과거를 바라보던 후회파가 긍정적 회상파가 된다면, 현재를 더 행복하게 살아갈 수 있다. 같은 조건이라면 긍정의 회상파가 되어보자.

책을 만나기 전에는, 부자를 보면 부자가 부러웠고 복권에 당첨된 사람의 기사를 보면 그 당첨자가 부러웠다. 비교하기 시작하면 행복하던 사람도 불행해진다. 아무리 좋은 집, 멋진 차를 가지고 있어도 자신보다 더 좋은 것을 가지고 있는 사람을 보면 다시 초라해지기 때문이다. 하지만 비교하는 습관을 버린다는 게 말처럼 쉬운 일이 아니다. '나도 그 정도쯤은 과감하게 버릴 수 있다'고 생각했지만 또 다시 남과 비교하고 있는 나 자신을 보고 놀랐다. 시선이 밖으로만 향해 있는 게 문제다. 시선이 나의 내면으로 향할 때 그때부터 사람은 바뀌기 시작한다. 내면이 움직여야 진정으로 변할 수 있다.

'사람은 잘 변하지 않는다'는 말을 이렇게 바꾸어보면 어떨까?

"사람은 변하지 않는 순간은 없다."

내가 바라보고 있는 시선이 어디를 향하고 있는지 고개를 들어야겠다.

버킷리스트

마흔 해를 살아오며 하루하루 세상일에 치이다 보니 부끄럽지만 특별한 꿈을 꾸지 않았었다. 아니 꿈을 생각해보지도 못했다. 그런데 책을 읽을수록, 시간이 지날수록, 하고 싶은 일들이 많아졌다. 책을 읽으며 꿈이 생기기 시작하자 한 가지도 아니고 점점 많아졌다. 그러던 중 꿈에 관련된 책을 보게 됐다. 그리고 곧 혼란에 빠져들었다. 미친 듯이 꿈을 꿔야 이루어진다? 미친 듯 꿈을 갈망해야 성취할 수 있다?

꿈에 대한 본질적 생각에 다다르기 전에 꿈을 더 크게, 더 강렬하게 꾸기 시작했다. 그런데 이상하게 강렬하면 강렬할수록 현실과의 괴리가 커졌다. 그 후로 오히려 현실감이 결여될 정도의 큰 꿈이 부담이 되기 시작했다. 꿈을 꾸는 것이 행복하지 않았고, 그럴수록 더 열심히 꿈을 갈망하고 사람들을 만나 조언도 얻었다.

어떤 이는 그럴수록 더 간절하게 생각하라고 했고, 또 다른 이는 현실을 벗어나 꾸는 꿈은 꿈이 아니라고 했다. 혼란스러웠다. 왜 꿈은 계속 커져야 하는지 의문이 생기기 시작했다. 그러던 어느 날, 나의 고민 속에는 '균형'과 '조화'라는 단어가 빠져 있다는 걸 깨달았다. '미친 듯이 꿈을 꾸라'는 것을 잘못 해석했던 것이다. 현실에서 괴리가 있는 꿈이 아니라 균형과 조화로운 가운데 꿈을 이루어 나가야 한다. 그후, 꿈은 '미친 듯이' 꾸는 게 아니라 '다짐' 정도로 생각하게 됐다.

현실과 괴리감이 더 커지는 꿈?

살면서 하고 싶은 일들이 생기고 그것이 점점 커져가는 것은 나쁜 게 아니다. 이루고 싶은 일은 그 크기보다 과정이 중요하다. 과정을 즐기며 꿈에 다가가야 행복도 함께한다. 궁극적인 나의 꿈은 다른 데 있었다. 그 것은 랠프 왈도 에머슨의 '진정한 성공'에 나오는 말이었다.

"자신이 한때 이곳에 살았음으로 해서 단 한 사람의 인생이라도 행복 해지는 것."

'가치 있는 삶을 사는 것'이 이루고 싶은 꿈이었다. 현실에서 하고 싶 어 하던 것은 진정한 꿈이 아니라 버킷리스트였다. 버킷리스트(bucket list) 의 어원은 중세시대에 자살할 때 목에 밧줄을 감고 양동이를 발로 차 버 리는 행위에서 전해졌다. 즉, 우리가 죽기 전에 꼭 해야 할 일이나 하고 싶은 일에 대한 리스트를 말한다.

글을 써보지 않았던 내가 책을 쓰게 된 것도 버킷리스트 덕분이다. 누 군가의 삶에 나의 글이 조금이라도 도움이 되면 좋겠다는 생각에서 시작 한 일이었다.

‘미친 듯이 꿈꾸면 이루어진다’는 말을 잘못 이해해서 혼란스러웠지만, 진정한 꿈을 ‘세상에 조금이라도 도움이 되는 사람으로 사는 것’으로 정의하고 나서는 나머지 꿈들에 얽매이지 않게 됐다. 최우선의 꿈을 알았으니 이루고 싶은 많은 버킷리스트는 먼저 하고 싶은 순서를 정하면 되었다.

《드림온》의 저자 김미경 강사는 “꿈은 가슴이 뛸 때까지 일하는 것”이라고 말한다. 처음부터 가슴 뛰는 꿈이 아니라 꾸준히 노력하면 그 꿈을 이룰 수 있다고도 말한다. 현실을 정확히 바라보며 어떤 일이건 자신이 좋아하는 일을 꾸준히 하고 발전시키는 것이 꿈을 이루는 길이다.

생각이 정리되고 꿈을 향해 나가는 것이 즐거워지기 시작했다. 하고 싶은 일도 더 많이 생긴다. 현실과 조화를 이루고 너무 고립되지 말아야 한다. 적당한 강도로 조절하며 나가야 한다. 꿈을 빨리 이루겠다는 강박관념을 버리니 과정이 즐거워진다.

정작 목표를 이루지 못한다 해도 그 길을 걸어가는 과정이 행복하다 말할 수 있다면 좋겠다. 처음에는 꿈이란 달성해야만 하는 것, 점점 커져야만 하는 것으로 착각했다. 이렇게 글을 쓰고 있는 지금 이 순간 또한 아주 감사하고 행복한 버킷리스트다.

꿈에 매이지 말고
때론 내려놓는 용기도 필요하다

1등만 알아주는 세상이어도, 내가 꿈꾸는 일들이 남의 눈에 2등, 3등 아니 꼴찌로 보여도 상관없다. 내가 즐겁고 행복한 길이라면 꼴찌라도 당당하게 걸어가야 한다. 현실과 괴리가 있는 꿈을 내려놓으니 삶이 가볍고 여유가 생긴다. 오히려 비울수록 그 자리에 다른 뚜렷한 꿈이 자란다. 꿈에 매이지 말자. 강렬한 꿈일수록 오히려 구속당할 수도 있다. 현실과 균형과 조화를 이루는 목표여야 한다. 무엇 때문에 꿈을 꾸는지 자신에게 한 번쯤 질문을 던져봐야 한다. 나는 꿈이 생길 때마다 기준을 정하기로 했다. 즐겁지 않으면 포기를 하거나 꿈의 크기를 줄이기로 한 것이다. 그러자 신기하게도, 이루고자 한 목표에 더 성큼 다가갈 수 있었다. 내 욕심으로만 가득찬 꿈을 버려서 그런 것 같다.

또 하나, 남들이 말하는 획일화된 방법 말고 나만의 이루고자 하는 방식을 선택하기로 했다. 억눌리고 즐겁지도 않으면 그 꿈을 내려놓기로 했다. 여기에도 용기가 필요했다. 나의 방식이 남들 눈에 어떻게 보일지 신경쓰지 않기로 했다. 얽매임보다 여유로움이 좋다. 그리고, 내 기준으로 살아야 한다는 걸 점점 더 느끼고 있다. 미친 듯이 꾸는 꿈은, 오늘 나의 버킷리스트로 바뀌었다.

버킷리스트 :
죽기 전에 꼭 하고 싶은 것

일요일 오후, 오랜만에 가족이 함께 모여 영화 〈버킷리스트〉를 봤다. 두 노인이 갑작스럽게 찾아온 병으로 삶이 얼마 남지 않은 것을 알게 된다. 죽기 전에 하고 싶은 일, 보고 싶은 것들을 꿈 리스트에 적는다. 병원을 나와 리스트에 적혀 있는 것들을 하나씩 경험하며 서로의 우정을 나누는 내용의 영화를 아이들과 함께하니, 더 감동적이고 재미있었다.

영화 속 주인공들이 작성한 버킷리스트를 인터넷에서 다시 찾아보았다.

1. 장엄한 광경 보기

2. 낯선 사람 도와주기

3. 눈물 날 때까지 웃기

4. 무스탕 셸비로 카레이싱

5. 최고의 미녀와 키스하기

6. 영국문신 새기기

7. 스카이 다이빙

8. 로마, 홍콩 여행 / 피라미드, 타지마할 보기

9. 오토바이로 만리장성 질주

10. 세렝게티에서 호랑이 사냥

그리고, 화장한 재를 인스턴트 커피깡통에 담아 전망 좋은 곳에 두기

영화를 보는 내내 어떻게 삶을 바라보아야 하는지 생각하게 되었다. 영화 장면 중 모건 프리드먼이 피라미드에서 말한 대사를 가슴에 담았는데, 꿈을 이룰 때 나에게 질문을 던져봐야겠다는 생각이 든다.

죽기 전에 해보는 질문 두 가지.

"삶의 기쁨을 찾았는가?" "남에게 기쁨을 주었는가?"

두 가지 질문에 답을 찾는 멋진 '꿈'과 '버킷리스트'를 만들어보고 싶다.

잠깐 멈춤

"살고 있는 곳 근처에 운동시설이 설치된 야산이 있어 운동 삼아 자주 올라갑니다. 등산로 입구에서 조금 올라가면 자그마한 점집이 있습니다. 평일에 제법 사람이 많이 드나듭니다. 하루는 그곳을 지나가는데 점집 입구에 큼지막한 플래카드에 이렇게 쓰여 있더군요. '주일은 쉽니다.' 교회 다니는 신자들이 얼마나 많이 이용하기에 저렇게 써 놓았을까요?"

어느 성직자가 한 말이다. 종교적 이야기를 하고 싶은 게 아니라 점을 보는 사람도 휴식이 필요하다는 걸 말하고 싶은 것이다.

맞벌이 생활을 하며 건강을 잃어가고 있을 때 책을 만났다. 2년간 경기 불황 때문에 매출이 감소하고, 회사가 이전을 하면서 직원이 반으로 줄었다. 고비만 넘기면 된다는 생각에 긴장을 풀지 않았고, 몸과 마음이 힘들어도 참았다. 문제가 해결되면 그때 맘껏 쉬자고 생각했다. 열심히만 노력하면 될 줄 알았다. 일과 균형을 맞추어 휴식을 취해야 했는데, 눈앞에

닥친 일을 어떻게든 처리하려고 했다. 새벽에 출근해 한밤중까지 회사에서 필요한 전산화 작업과 카탈로그 작업에 몰입했다. 힘겨운 하루하루를 보내며 쉬고 싶다는 생각만 했다. 그러나 휴식의 시간은 생기지 않았다. 건강검진을 받으면 재검진을 해야 했고, 그런 생활을 2년간 하다 보니 몸이 견디지 못 하고 강제로 쉬어야 했다.

단순하고 따뜻한 생활

강원도 산방에서 여름휴가 5일을 보냈다. 전기도 들어오지 않고 휴대폰 연락도 되지 않는 곳이었다. 산 중턱에 자리하고 있어 자동차 소리도 들리지 않았다. 운동도 하고 산책도 하며 휴식을 취했다. 저녁엔 흙집 아궁이에 장작불을 때고 따뜻한 방바닥에서 잠을 잤다. 그곳의 취지는 차갑게 생활하지 말라는 것이었다. 너무 차갑게 생활하면 저항력이 떨어지기 마련이다. 삼겹살을 먹고 난 그릇을 찬물에 닦으면 기름기가 잘 지지 않지만, 뜨거운 물로 씻으면 기름기가 잘 지는 것과 비슷한 이치다.

산방에서는 뜨거운 물을 자주 마셨다. 가급적 찬물을 마시지 말고 뜨거운 물을 마시는 것이 좋다. 잠을 잘 때도 따뜻하게 자야 한다. 그렇게 하루에 쌓인 피로는 그날 풀어야 한다. 피로는 당일에 풀어야 한다는 말을 듣고, 모든 일이 끝난 후에 휴식을 하려 했던 나의 생활태도가 얼마나 잘못된 것이었는지 알게 되었다.

산방의 하루 일과는 단순했다. 말을 많이 하지 않고 따뜻한 물을 수시로 마셨다. 천천히 걸어 다니며 산책을 하고, 결린 몸을 통나무로 푸는 법도 배웠다. 저녁때면 매일같이 아궁이에 장작불을 피워놓은 흙집에서 잠을 잤다. 산방에는 전기가 들어오지 않아 어둠이 내리면 잠을 잤고, 해가 뜨면 일어났다. 자연과 함께 지내고나니 몸이 점점 가벼워졌다. 시간이 지날수록 몸에 쌓인 피로가 풀리기 시작했다.

잠깐 멈춤

다시 일상으로 돌아왔다. 따뜻한 생활을 소홀히 했고, 다시 스트레스를 받으며 밤늦게 잠자리에 들었다. 회복되는 듯 했던 건강이 다시 멈춰 섰다. 그러다 고도원 작가의 《잠깐 멈춤》에 나오는 글을 보고 휴식에 대해 다시 깨닫게 되었다.

"일하는 농부에게는 잠깐 집에 들어와 쉬는 것이 휴식이다. 글을 쓰는 사람에게는 밖으로 나가 잠깐 산책하는 것이 휴식이다."

맞는 말이었다. 생각이 힘들 때 잠깐이라도 창문을 열고 바람을 맞으며 심호흡을 하고 잠깐 멈춰 숨을 쉬니 피로가 풀렸다. 일하는 중간중간 잠깐 멈추고 창밖 경치를 보며 생각도 잠시 멈추고 쉬어보니 휴식이란 건 많은 시간이 필요한 게 아니었다. 힘들고 지칠 때 잠깐 멈추고 다른 여백을 만드는 것이 휴식이었다.

"숨을 들이쉬면서, 마음에는 평화. 숨을 내쉬면서, 얼굴에는 미소. 나는 느낀다. 내가 살아 숨 쉬는 지금 이 순간이, 가장 경이로운 순간임을."

베트남의 승려이자 평화운동가인 틱낫한의 《마음에는 평화 얼굴에는 미소》에 나오는 말처럼 숨을 쉬어본다.

피로는 항상 생긴다. 따로 시간을 내서 휴식해야겠다고 생각하지 말고, 피곤한 중간중간 잠깐씩 멈추고 거기서 벗어나야 한다.

생각 바라보기

생각에 대한 휴식도 필요하다. 조급함 때문에 쉬지 않고 쉼 없이 일하다 건강을 잃었었다. 무리하여 육체적으로 피로한 것도 있었지만 생각도 마찬가지였다. 직장의 고민을 집에까지 가져와 몸은 쉬고 있는데 생각은 계속 일을 하고 있었다. 걱정거리가 머릿속에서 떠나지 않았다.

강원도 산방에서는 '생각을 쉬게 할 때는 자신의 생각을 남이 나를 쳐다보듯 하라'고 말한다. '지금 걱정을 하고 있구나' '화가 나있구나' 하며 다른 사람이 나를 바라보듯 하라고 말한다. 해결하려고 고민도 하지 말고 제3자 입장에서 보듯 말이다.

생각에도 휴식이 필요하다. 불안함과 조급함 때문에 한순간도 쉬지 않고 무언가 하고 있어야 마음이 편하다면, 이제 바꿔야 한다.

생각에도 어느 정도 멈추는 시간이 필요하다. 몸도 마음도, 쓴 만큼 휴식이 필요하다.

변화된 퇴직

직장인으로 산다면 언젠가는 맞이해야 하는 일, 바로 퇴직이다. 퇴직이 오지 않기만을 기다릴 것인가? 적극적으로 대처할 것인가? 퇴직에 대해 생각을 정리해야 했다.

요즘 매스컴에서는 30대에 이미 은퇴준비를 시작해야 한다고 말한다. 돈을 얼마 정도 모아야 노후에 편하게 살 수 있다, 보험을 들어라, 자산관리를 철저히 하라, 고들 한다. 무슨 말인지 이해는 되는데 일반 직장인들에게 적용하기에는 현실성이 떨어져 보인다. 80~90세까지 산다는 가정 하에 '억'도 아니고 '십 억' 단위의 돈을 월급으로 모을 수 있는 사람이 얼마나 될까? 아이들 키우랴 정신없는 가운데 조금씩 저축을 한다 해도 일반 직장인들이 모을 수 있는 금액이 아니다. 또 다른 한편으로 재테크를 해서 자산을 늘려야 한다고 하는데 이 또한 쉬운 일이 아니다.

현실에서 준비된 퇴직을 하라는 말은, 나에게 잘 맞지 않는 옷을 입은 것 같이 느껴진다. 꼭 모아놓은 돈을 조금씩 써가며 노후를 살아야 하는가? 다른 방법은 없다는 말인가?

책을 만나며 퇴직에 대한 생각에도 변화가 생겼다. '준비된 미래만 안전할까?' 아니다. 오히려 '어제보다 더 나은 오늘을 살아가는 삶을 사는 것'이 더 중요하다. 매일 변화를 만들어가는 현재를 살고, 주어진 일을 열심히 하면서 자신이 평생 하고 싶은 일을 만들어가야 한다. 모아놓은 돈만 바라보며 야금야금 쓰면서 없어지는 자산을 매일 걱정하며 살고 싶지 않다. 미래의 노후 때문에 현재를 저당 잡힌 인생을 사는 것처럼 불행한 것도 없다. 그래서 변화를 찾는 삶을 살아야 한다.

문제는 '어떻게 변화를 찾을 것인가?'이다. 변화를 받아들이는 방법은 책을 통해서도 가능하고, 사람들을 통해서도 가능하다. 나는 특히 책을 통해 변화를 다양하게 배울 수 있다고 생각한다. 관점을 '변화'에 두고 독서를 한다면 좋을 것이다. 예를 들어 책속 인물은 어떤 변화를 받아들여 자신을 만들어가는가를 추적하는 책읽기를 하는 것이다.

나는 800권 정도의 책을 만나며 수없이 마음이 움직였다. 위로도 받았고, 희망도 발견했다. 좌절 또한 맛봤다.

책을 만난 지 두 해가 지날 즈음, '죽을 때까지 평생 즐겁게 할 수 있는 일을 만들자'는 생각이 들었다. 이 결심이 퇴직에 대한 복잡하던 생각에서 벗어날 수 있게 해주었다. 지금의 현실에서 '얼마간의 돈을 모아야 노후를 살아갈 수 있다'는 사고보다는, 순간마다 깨어 있으며 내가 좋아하는 일을 찾아나서는 삶에 즐거움이 함께할 것이다. 그렇다고 직업에 소홀하겠다는 뜻이 아니다. 인생을 적극적으로 살려고 하는 사람은 직장생활 또한 소홀하게 하지 않는다.

변화는 현재를 살게 하고, 변명은 미래를 살게 한다

하고 싶은 일에 대해 생각이 바뀌고 나니 퇴직 걱정이 줄어들었다. 언젠가는 퇴직으로 직장을 떠나야겠지만 내가 하고 싶은 일을 계속할 것이다. 퇴직할 때까지만 일하고 그후 매일 똑같이 반복되는 하루를 살며 무료하게 노후를 살고 싶지 않다. 그래서 죽을 때까지 할 일을 만들고 그것을 즐기며 살고 싶다. 그러기 위해서는 작은 일이라도 최선을 다하는 모습이 필요하다.

"방송에서 꼬막 조개를 까는 아흔 살 넘은 노인을 보았다. 노인은 허리가 구부러지고 다리 관절이 아파 제대로 걷지 못했다. 하지만 두 손만은 자유로웠다. 구부러지고 주름진 손으로 뱃일하는 아들을 도와 꼬막을 까는데, 그 실력이 대단했다. 노인에게는 아들의 살림살이를 위해 더 많은 꼬막을 까야 하는 하루하루의 목표가 있다. 연약한 몸으로 할 수 있는, 최선의 살아가는 방법이다."

이근후 씨의 《나는 죽을 때까지 재미있게 살고 싶다》에 나오는 글을 보며 꼬막 조개를 까는 노인의 살아가는 모습을 배우고 싶었다. 거창한 꿈에 들떠 사는 것보다 자신이 할 수 있는 일이 꼬막 조개를 까는 일이라도 최선을 다하는 노인의 모습에 고개가 숙여진다. 이 책은 현재를 충실히 살아간다는 것이 무엇인지를 깨달을 수 있게 해주었다.

이젠 최선을 다하는 삶이 무엇인지 알아가고 있다. 또한 즐겁게 살고 싶어졌다. 생각을 바꾸니 변화가 생기기 시작했고, 그 덕분에 나는 지금 하고 싶은 일에 도전하고 있다. 책 쓰는 것에도 도전하고 있고, 직장에서는 계획한 일과 매출달성을 하고 있다.

가끔 직장일과 꿈이 달라 혼란스러워 하는 사람들을 만나는데, 이에 대해 독서모임에 나오는 한의사 분께서 명쾌한 답을 주셨다.

"지금의 일에 충실하며 또 꿈과 하고 싶은 일을 열심히 한다. 그런데도 꿈과 하고 싶은 일에 시간이 부족하면 그때 꿈과 일을 선택한다 해도 늦지 않다."

클라우드 페퍼는 "인생은 자전거를 타는 것과 같다"고 말한다. 자전거는 페달을 굴리지 않으면 움직일 수 없다. 자전거를 타다 넘어지지 않을 수는 없다. 두려움과 실패 때문에 페달을 굴리지 않는 인생을 살아가고 싶지는 않다. 예전에는 두려움에 미리 겁을 먹고 하고 싶은 일에 주춤거렸는데, 결국 후회만 남는 경우가 많았다.

미래를 준비하는 것은 좋은 일이다. 그러나 그보다 더 중요한 것은 현재의 변화를 찾아 인생을 즐기며 사는 것이다. 준비만 하는 것이 아니라 항상 정체되지 않게 자신이 살고 싶은 방향으로 오늘을 마주하는 것이다.

자발적 나눔

"**나눔이란 자기의 귀한 것을 나누는 것이다.** 내가 먹기는 싫고 버리기는 아까운 것을 생색내고 싶어서 주겠다고 하는 것은 나눔이 아니다."

서영남 수사의《민들레 국수집의 홀씨 하나》에 나오는 말이다. '나눔'이란 말은 알것 같은데 '자발적 나눔'이라는 말은 조금 생소하다. 그러고 보니 나눔에도 스스로 참여하는 나눔도 있고, 마지못해 남의 이목 때문에 하는 경우도 있다.

지난해 한 달 동안, 형편이 어려운 초등학생을 대상으로 독서 나눔을 한 적이 있다. 늦게까지 일하고 돌아오는 부모의 자녀들을 위해 일주일에 한번, 시에서 일정규모 지원을 해주는 장소에서 아이들과 함께 책을 읽고, 서로 토론하는 시간을 가졌다. 나눔이라고 말하기에도 낯간지러운 일이지만 나름 열심히 가르쳐보고 싶었고, 아이들과 이야기하며 고민도 들어주고 도움을 주고 싶었다. 아이들과 한 달 동안 시간을 보내면서 나의 생각이 많이 바뀌었다. 그 전에 생각한 '나눔'은 특별히 시간을 내서 하는 것이었다. 그래서 마음 한구석에 민들레 국수집을 운영하는 서영남 수사와 같은 분들을 보면 존경스럽고, 언젠가 시간이 되면 나도 열심히 나눔을 가져야지 결심하기도 했다. 하지만 시간이 흐를수록 희망사항으로 남아 있기 일쑤였다.

솔직히 소중한 것을 나누는 것은 쉬운 일이 아니다. 서영남 수사가 말하는 나눔은 '자신의 귀한 것을 나누는 것'이다. 그는 민들레 국수집을 운영하면서, 노숙인들을 VIP로 대하며 그들에게 무료로 식사를 제공하는 것을 행복해 한다. 그가 말하는 나눔은 자발적인 마음을 가져야만 실천할 수 있는 것이다.

"모든 문제의 해결은 자발적인 나눔에 있다. 가진 것 없는 우리의 삶을 이웃과 조금씩 나누기 시작할 때 비로소 해결될 수 있다"고 말하는 그의 진정한 나눔에 비해 남에게 보여주기 위한 생색내기나 자신의 만족을 위해서 하는 나눔은 오래 갈 수 없다. 무릇 나눔이란 능동적으로 자발적으로 마음에서 우러난 진정한 것이어야 한다.

정상 세포는 바라는 것이 없다

"정상 세포는 이웃 세포를 위해서 자기를 내어놓을 준비가 항상 되어 있다고 한다. 정상적인 모든 세포들이 서로를 위해 생명을 나눌 수 있을 때 사람이 건강하게 살 수 있는데, 남을 위해 자기 것을 내어주지 않으려고 하는 세포는 점점 암세포로 변하고 만다. 일단 암세포로 변하면 세상에 무서운 것이 없다. 하는 일마다 잘되기 때문이다. 그런데 암세포의 성공은 아이러니하게도 곧 죽음이다.”

서영남 수사가 정상 세포 비유를 통해 나눔에 대해 말한 글을 보고 충격을 받았다. 빼앗기만 한다면 결국 죽음으로 이르는구나. 생각해보지 못한 문제다. 정상 세포처럼 남에게 나누는 일은 누구나 당연히 해야 하는 일인 것이다. 수동적으로 접근할 문제가 아니었다.

‘노숙자들에게 밥 한 끼 대접한다고 그들의 무엇이 변할까?’라는 생각을 한 적이 있었다. 잠시 배고픔을 잊게 하는 것뿐 그 이상 이하도 아니라고 생각했던 것이다. 그러나 그 생각이 크게 잘못된 것이라는 걸 알게 되었다. 그들에게 한 끼의 식사는 배고픔을 달래는 시간일 뿐 아니라, 그 나눔으로 인해 희망이 시작될 수도 있었다.

그렇게 밥 한 끼를 대접하며 서영남 수사는 노숙인들의 소원은 배불리 먹는 것보다 ‘잠 한번 실컷 자보는 것’이라는 걸 알게 되었다고 한다. 노숙자들은 할 일이 없으니 잠은 원없이 잘 수 있겠다고 생각했는데, 그들은 밖에서 ‘잠을 자는’ 것이 아니라 ‘밤을 지새우고’ 있었다. 서영남 수사에게는 보이는 노숙자의 고통을 나는 보지 못한 것이다.

노숙자들의 잠자리 마련을 위해 동분서주하며 방을 구해주는 서영남 수사의 마음을 따라들어가다 뭉클한 감정이 생겨난다. 누군가에 의해 억지로 하는 나눔이 아니다. 노숙자들이 배고픔보다 더 해결하고 싶어 하는 게 무엇인지 공감해주고 그들과 함께 있어주는 사람, 서영남 수사가 말하는 ‘자발적 나눔’에 대해 조금씩 이해하게 된다.

“나는 작고 보잘 것 없고 하찮은 일들밖에는 할 줄 아는 것이 없다. 하지만 별 볼일 없고 보잘 것 없는 일도 정성스럽게 하려고 애를 쓴다.”

자발적 나눔의 실천은 그가 말한 대로 따라하면 될 것 같다. 대단하지는 않아도 소외된 이웃을 위해 따뜻한 미소를 보내려 애쓰는 마음을 갖는 것, 그리고 작은 실천이 쌓이면 그가 말한 건강한 세포처럼 자기를 내어놓고 나눌 줄 아는 사람이 될 것이다.

3년

…

책이라는 지우개로
편견을 지워라

언젠가는 & 지금

'살면서 한 번은 책을 써보자.' 3년간 1000권의 책을 만나면서 소리 없이 내면에 쌓여갔다. 한 권 속에 오롯이 들어 있는 수많은 인생을 들을 수 있음에 고맙고 감사하단 말이 절로 나온다. 지난 시간의 소중함을 되돌아본다. 저자들이 자신의 인생을 드러내 보이면서 사람들에게 들려주려 했던 것은 세상에 도움이 되고 싶은 마음에서였을 것이다.

맞벌이 생활을 하며 자투리 시간을 이용한 일명 '자투리 독서'로 시작한 책과의 만남. 그 속에서 뿜어주던 변화라는 향기가 나도 모르는 사이, 조금씩 배어들었다. 하고 싶은 일도 알게 되었고, 마음에 힘도 생겼다. 언제부터인지 모르게 '나도 책을 써보리라' 마음을 먹게 되었다. 그리고 현실에서 이루어져가고 있다.

3년을 보내면서 무언가 대단한 변화가 생길 줄 알았다. 자기계발서에서 말하는 '기적의 변화' 같은 일이 일어날 것 같았다. 한순간 세상이 요동치며 깨달음도 얻을 수 있을 것 같았다. 그러나 변화는 그렇게 다가오지 않았다. 나에게 변화는 내가 가진 편견들이 나도 모르는 사이에 조금씩 지워져가면서 그렇게 다가오고 있었다.

'언젠가는'이라는 생각이 3년을 거치며 '지금'으로 변했다. 내면에서 깨뜨리기 힘들었던 편견은 바로 '핑계'라는 것이었다. 힘든 일이 생기면 습관처럼 완벽하게 준비해야 한다는 핑계를 대고 나중으로 미루곤 했다. 핑계는 미래를 살게 하고, 변화는 지금 현재를 살게 한다. 이렇게 책을 쓸 수 있게 된 것도 내면의 핑계를 발견하고 그것을 버리는 삶을 택한 덕분이다.

직장에도 충실하며 가고자 하는 길의 과정도 즐기며 도전하자. 눈에 띄는 변화만이 변화가 아니라는 것을 글을 통해 써보자. 두려울 것이 없었다. 그동안 들을 수 있었던 '변화'의 목소리가 있지 않은가. 글을 쓰겠다고 마음먹은 그날부터 하루 한 페이지씩 써 내려갔다. 어떻게 쓰는지 방법도 모르면서 일단 시작했다. 책 읽는 게 습관이 되면서 조금씩 눈에 익은 것들이 쌓여 나오는 것 같았다.

현재를 살기 위해선
'지금' 변해야 한다

글을 쓰면서 스승을 한 분 만났다. 그 분이 말하는 핵심은 '모든 것은 자신 안에 이미 들어 있고 그것을 꺼내기만 하면 된다'는 것이었다. 나는 또 하나의 편견을 발견했다.

'그래, 나 자신을 믿자. 그동안 읽어온 책에서도 밖으로 향했던 시선을

내 안으로 돌리라고 하지 않았던가!'

글을 쓰며 차분히 지나온 3년의 시간을 돌아본다. 피곤해 졸면서도 책을 보았고, 화장실에서도 책을 보았고, 새벽 산책길에도 책을 보았다. 책을 통해 세상이 다르게 보이기 시작하며 잘못된 생각을 깨우칠 때면 말로 설명할 수 없이 기뻤다. 모든 건 내 안에 있으니 뽑아내기만 하면 된다. 문제는 날 믿는 것이다. 용맹정진, 어떤 어려움도 두려워하지 않고 목표를 향해 용감하게 나아가기만 하면 된다. 글을 쓴다는 게 쉬운 일은 아니지만, 또 그렇다고 그렇게 어려운 일도 아니다. 밖을 향해 있던 시선을 바꾸어 나를 정확히 바라보는 용기만 있다면 된다. 즐겁게 써보자. 세상에 작은 도움이라도 된다면 그것으로 족하다. 거침없이 내 안으로 들어가기 시작한다.

변화의 출발점은 없다
모든 게 과정이다

언제부터 삶이 즐거워졌는지, 생각해본다. 아내가 책을 처음 전해준 순간도, 3년간 1000권의 책을 읽고 난 후도 아니었다. 정확히 말하면 출발점은 애초에 없었다. 다만 세상을 바라보는 나의 시선이 달라져갔고 매 순간 변화를 받아들이면서 즐거워진 것이다.

성공과 실패가 다른 게 아니다. '실패는 성공에 다가가는 과정일 뿐'이라고 생각한다면 둘은 같은 것이다. 바라보는 시선이 어디를 향하고 있느냐에 따라 '변화'를 어떻게 받아들이냐에 따라 과거에 매일 일이 없어졌다. 지금의 내가 하고픈 일과 현실에 균형과 조화를 이루며 나아가면 될 뿐이다. 지금이 나에게 출발점이고 또 도착점이다.

나무가 성장(변화)을 멈춘다면 그건 죽음을 의미한다. 내가 살아가는 것도 이와 같다. 삶을 살아가며 계속 변화하는 것은 자연의 자연스러운 질서다. 책이 들려주는 변화의 목소리를 들으며 생각이 성장하고, 나를 꽁꽁 묶어서 고정시키려는 편견을 거두어내는 것. 이 또한 나를 성장하게 하는 토대가 된다. 버드나무에 물이 쑥쑥 오르듯 생각의 수준이 자라지 못한다 할지라도, 1센티만큼씩 더디게 자란다 해도 좋다. 책을 읽고 성장한다는 것은 생각의 힘이 커져 의식의 수준이 높아지는 것이다. 의식이 높아지면 그동안 보지 못했던 세계를 볼 수 있는 힘이 생기기 때문이다.

늦은 나이에 책을 만나, 조급한 나머지 나이만큼 책을 사서 본 적도 있다. 그때의 행동을 생각하면 웃음이 나기도 하지만 그 또한 변화를 받아들이려는 행동이었다.

지치고 힘들 때, 남들보다 뒤처져 있다고 생각될 때 출발점과 도착점이 없다고 생각해보라. 그것이 '행복'이든 '성공'이든 자신과의 싸움이고 자신만이 받아들일 수 있는 순간이 출발점이고 도착점이다. 고개 숙이지 말고 당당하게 가슴을 펴고 하루를 사귀어보자.

당신이 있는 자리는 출발과 도착점이 아니라, 신나게 달리고 있는 트랙이다.

남다르게

"오늘 우리집 가훈을 발표하겠다. 너희들 성이 뭐지?"

"남가요."

"가훈의 첫 자는 남씨 성을 따라 '남'으로 하고 뒤에 붙일 말은 '다르게'로 해서 '남다르게'로 정한다."

남다르게 생각한다는 것은 다른 사람과 차별화될 수 있고, 독특해질 수 있다. 아이들에게 뜻을 이해시켜주기 위해 '남다르게' 뒤에 하고 싶은 것을 붙여보라고 했다.

"지금 하고 싶은 것을 '남다르게' 뒤에 붙여볼까?"

음악 학원을 다니는 큰 녀석은 "남다르게 드럼을 친다."

책을 좋아하는 딸은 "남다르게 도서관에 있는 책을 다 본다."

막내는 온통 만화뿐이다.

"남다르게 만화를 많이 본다."

좋아하는 일도 남다르게 해보고, TV가 집에 없어도 남다르게 즐겁게 할 수 있는 것을 찾아보자. 하기 싫은 일도 남다르게 할 수 있는 방법이 있는지 생각해보면 좋을 것 같다. 가훈을 '남다르게'로 정한 것은 자신만의 독창적인 사고를 갖게 하기 위해서였다. 아이들이 커가면서 자신이 좋아하는 것이 무엇인지 생각해보고 자신만의 독특한 매력을 만들어갔으면 하는 바람이 있다. 그러나 남들과 비슷하게 닮아가는 생활에 물들어 있기 때문에 튀는 행동은 고사하고 남다른 생각 자체를 하지 않으려 한다. 아이들뿐 아니라 어른들도 마찬가지다. 책은 독특함, 차별화가 그 사람의 경쟁력이라고 말해준다. 자신이 좋아하고 잘 할 수 있는 것을 찾아 노력하는 게 중요하다. 그래서 피부에 와 닿는 것을 아이들과 함께 해보기로 했다.

"오늘은 가훈에 맞게 자주 먹어보지 못한 음식이나 한 번도 안 가본 식당에 가서 점심을 먹어보자."

막상 가보지 않은 식당을 찾으려니 의견이 많다. 먹고 싶은 것도 피자, 치킨, 칼국수 등 다양하다. 갑자기 남다르게 해보자고 하니 어떤 걸 먹을지부터 혼란스러운 모양이다. 아이들끼리 돈가스를 먹을까? 아니다, 호떡을 사먹을까? 로 의견이 확대되다가 결국 중국집 짜장면을 먹으러 갔다. 대신 각자 다르게 시키기. 간짜장, 탕수육, 짬뽕을 먹었다. 가훈으로 정한 '남다르게'가 아이들에게 작은 변화를 만들어주는 계기가 되길 바래본다.

아내를 따라 옆 단지 아파트 요가하는 곳에 따라간다. 책상다리가 안 될 정도로 몸이 굳어 있다. 아주머니들 뒤에서 따라하려니 자세도 민망하다. 남자가 나 혼자다. 몸도 뻣뻣하고 아내 뒤에 앉아 요가 선생님을 따라 동작을 취한다. 책을 만나기 전에는 상상할 수도 없던 일이다. 몸을 부딪치며 축구를 하는 것에만 익숙하던 나였다. 어색하게 동작을 따라하고 있는데, 요가 선생이 다가온다. 가뜩이나 구부리는 게 힘든데 어깨를 누른다. 온몸이 비명을 지른다. 한 시간 정도 요가를 하고 나면 몸이 시원하기는 하다. 초등학생부터 40대 아주머니까지 모두 여성인 공간에서 함께 운동을 한다. 요가를 하면 경직된 몸이 풀린다. 경직됐던 삶을 보다 부드럽게 할 수 있어 더 좋다. 아저씨라고 무겁게 살 것 없다. 그러면 몸무게만 늘어난다. 한 달간 도전한 운동을 더 연장해서 해야 하나, 고민이다.

한 달에 한 번 일요일 아침에는 아이들에게 떡볶이를 만들어준다. 기본 재료에 뭔가 하나는 더 넣는다. 양파도 넣어보고, 라면 스프도 넣어보고, 감자, 고구마, 미역…. 아빠의 요리에 가족들은 열광한다. 정작 나는 무슨 맛으로 먹는지 잘 모른다. 여하튼 전보다 가볍게 살아보자는 생각을 한 후, 이런저런 소소한 재미가 많아졌다.

아내가 '매일 빗자루를 드는 남자'라 놀린다. 아내의 집안일을 어떻게 도와주어야 하나 생각했다. 남다르게 바닥 쓰는 달인이 되자. 가족 중 어느 누구도 빗자루 영역에서는 나를 따라오지 못한다. 남자가 지지리 궁

상떤다 말할지 모르겠으나 일상을 조금은 가볍게 덜어내고 사는 것이 내
겐 큰 변화다. 가식도 조금 덜어내고, 체면도 덜어내본다. 융통성 없는 고
지식함도 덜어내려 애쓴다. 덜어낼수록 마음이 가벼워진다. 몸무게도 가
벼워질려나? 여하튼 가벼움이 점점 좋아진다. 오늘도 다이어트할 만한
가벼움을 찾아 나선다.

책을 읽으며 여러 사고를 체험해볼 수 있다. 3년 전에는 너무 뻣뻣하게
살았던 것 같다. 살아가는 일상에 살짝만 시선을 비틀어도 생활이 즐거
워진다. 앞치마를 두르고 멋지게 설거지하는 남편의 모습을 좋아하지 않
을 아내는 없다. 별거 아닌데도 이런 게 전에는 보이지 않았다.

강박관념도 꼬집을 필요가 생겼다. 열심히 살아야 남에게 뒤처지지 않
는다. 무언가에 떠밀리듯 뒤떨어지는 것을 싫어했고, 길을 갈 때도 바쁘
게 걸었다. 남을 앞서는 것은 편하지만 뒤처지는 것은 무의식적으로 싫
었던 것이다. 조급해지는 일상에 항상 바삐 움직이는 것이 습관이 되고
말았다. 그러나 그런다고 뭐가 달라지겠는가?

앞으로는 쉬엄쉬엄 가볍게 살아볼 것이다. 오늘 못하면 내일 하면 된다.

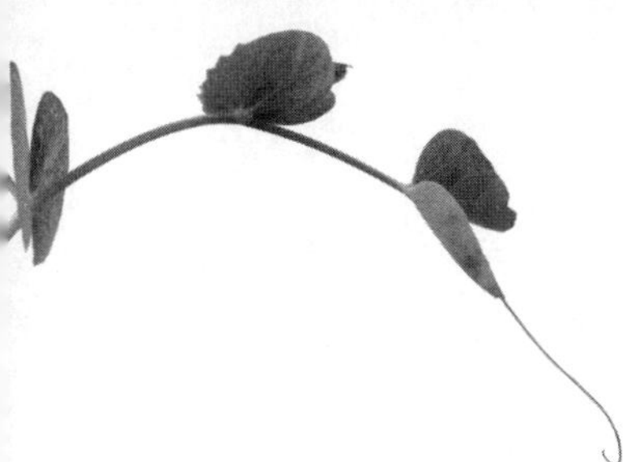

다양한 책 읽기

"나는 좀 더 많은 사람을 만나고 싶어 책을 읽는다." - 이유정

독서를 하면서 어떤 책을 읽을까 고민이 많았다. 처음 시작은 독서에 관련된 책으로 했다. 독서법에 대한 방법과 기술을 말하는 책, 책을 소개해주는 책 위주로 보았다. 다음에는 꿈에 관련된 책, 주로 자기계발서를 읽었다. 3년간 반 이상을 자기계발에 관련된 독서를 했다. 시간이 흐를수록 독서에 대한 생각이 변해갔다. '책을 어떻게 읽을 것인가?'에서 '왜 책을 읽어야 하는가?'로 생각이 바뀌어갔다.

무엇 때문에 책을 읽을까?

'한 사람의 인생을 만날 수 있다'는 아내의 말에 이끌려 책을 펼쳤다. 그들을 변화시킨 힘이 무엇인지 알고 싶어서 책을 읽기 시작했고, 그들과의 만남에서 진솔한 인생을 들을 때 가슴에 진동을 느꼈다. 도대체 무엇이 이토록 내 마음을 흔들어놓는가? 공감되는 그들의 인생을 들으며 내가 바라고 변하고 싶은 것이 무엇인가 고민하게 되었다.

책을 읽어나갈수록 하고 싶은 일과 어떤 인생을 살아갈지를 배우게 되었다. 그러다 한 가지 고민에 빠졌다. 그들이 들려준 '변화'의 힘을 어떻게 내 것으로 만들 것인가? 잡힐 듯 잡히지 않았다. 고민과 함께 책을 읽다가 마하트마 간디의 말이 나를 잡아끌었다.

"자기 자신을 먼저 변화시켜라."

왜 읽어야 하나

책 속 주인공들이 결심하고 깨달은 과정들을 보고 들으며, 자신을 변화시키기 위해서는 먼저 내면을 변화시켜야 한다는 걸 알게 되었다. 열정, 습관, 노력 등을 강조하는 자기계발서에서 수없이 반복해서 말해주고 있는 그 내용들을 나는 머리로는 이해하면서도 마음으로는 받아들이지 못하고 있었다. 그것을 내 것으로 만든다는 건 지독한 노력만으로 이루어질 수 있는 게 아니었다. 책을 바라보고, 세상을 바라보던 시선을 나에게로 향하게 만들어야 했다. 아무리 변화한 삶을 살고 싶다고 해도 자신이 원하는 게 무엇인지 내면을 살피는 눈을 갖지 않는 한 그것을 받아들일 수 없다. 변화는 세상 밖에 있는 것이 아니다. 세상 밖을 바라보며 떨림과 함께 영감을 얻을 수 있을 때가 있다. 이때 시선을 자신의 내면으로 돌릴 수 있다면 변화와 함께할 수 있다. "자기 자신을 먼저 변화시켜라"는 간디의 말처럼 변화를 받아들이기 위해서는 세상 밖으로 향한 시선을 자신에게 돌려볼 줄 알아야 한다.

한 권만 읽은 사람,
한 작가에게 푹 빠지는 사람,
위험하다!

책을 읽다 보면 마음에 드는 작가를 만나게 된다. 그의 한 문장이 가슴에 새겨져 힘이 되면서 그가 쓴 모든 책을 찾아서 보는 습관이 생겼다. 한두 권을 읽으며 이해하는 것과 그가 쓴 모든 책을 읽어보는 것은 생각보다 많이 달랐다. 수십 권의 저서가 있는 작가도 있다. 분량이 많으면 부담스럽기도 하지만 가급적 다 읽어보려고 한다. 힘들어도 그렇게 하는 이유는 젊을 때부터 나이가 들면서 점점 변화하는 그의 사고를 살펴볼 수 있기 때문이다.

이러한 책읽기는 전체적으로 작가의 변화를 느낄 수 있다는 좋은 점도 있지만 한 가지 주의해야 할 점도 있다. 작가가 좋다고 해서 그의 모든 것을 받아들이면 안 된다. 작가의 모든 것이 나 자신에게 필요한 것은 아니다. 중요한 건 작가에게서 나 자신을 변화시킬 수 있는 것을 찾아야 한다는 것이다. 모든 것이 훌륭하게 보인다는 착각에 빠져 그 사람만의 독선도 배울 수 있다. 나답게 되기 위해 무엇이 필요한가? 그에게서 배울 것은 무엇인가 살피고 그것을 내것으로 변화시키는 게 중요하다. 그의 사고를 모두 따라하려 하면 부작용이 생길 수 있다.

한 사람에게 푹 빠지지 말자고 한 건 비판적인 사고로 책을 보자는 뜻이 아니다. 나를 변화시키는 건 나 자신이어야 하므로 수많은 사람의 장점을 배워야 한다는 뜻이다. 그러기 위해서는 반대 의견이 있는 책도 함께 본다면 더 많은 통찰력을 기를 수 있다.

한 분야에 치우친 독서를 하면서, 다양한 분야의 책을 읽어야 한다는 걸 깨쳤다. 부모님이 밥상머리에서 편식하지 말라고 하신다. 생각의 변화를 추구하는 독서는 맛있는 것만 골라 먹으면 안 된다. 내가 모르는 분야의 책도 읽어야 한다. 집에서만 조용히 있는 아이는 건강하지 못하다. 놀이터에서 흙을 만지며 뛰어 노는 아이가 더 튼튼하다. 흙장난을 치며 손이 지저분해지기도 한다. 나에게 책읽기는 개구쟁이처럼 땅바닥에 구르기도 하며 신나게 뛰어 노는 것이다. 이런 아이들이 튼튼하게 자라듯, 책을 읽는 것도 비슷한 것 같다.

꼭 다양한 분야의 책을 읽어야 옳다는 건 아니지만, 책을 읽을 때 '다양성'이란 단어를 머릿속에 담고 있으면 사고의 폭이 넓어질 수 있다.

맨발

"큰집이 천간(千間)이라도 밤에 눕는 곳은 여덟 자이고
좋은 밭이 만경(萬頃)이라도 하루에 먹는 것은 두 되뿐이다." - 명심보감

"대부분의 사람들은 집이라는 것이 과연 무엇인지에 대해 생각해본 적도 없이, 이웃들이 소유한 정도의 집을 소유해야 한다는 이유에서 사실상 평생을 불필요하게 가난에 쪼들리고 있다."

헨리 데이비드 소로의 《월든》에 나오는 말이다.

소로는 월든 호수가 근처에 손수 작은 오두막을 지었다. 간소한 삶을 살며 인생에서 꼭 알아야 하는 것을 배우려 숲속으로 들어간 것이다. 소로를 따라 숲에 들어가볼 수는 없는 일. 현실에서 맞부딪쳐보고 싶었다. 동네에 있는 작은 산에 오르는데 한 아주머니가 맨발로 산길을 걸어가고 있었다. 문득 나도 양말부터 벗어보고 싶었다. 내게 불편한 무엇인가에서 떨어져보고 싶었다. 그래, 양말부터 벗자. 그리고 과감하게 맨발로 산을 걸었다. 그 순간 자연이 내게 다가온다. 발바닥에 전해오는 차가운 땅의 기운이 느껴진다. 자갈을 밟은 부위에 통증이 전달된다. 소로처럼 작은 오두막은 지어보지 못했으나 대지의 감촉이 무엇인지 느껴진다. 양말만 벗어도 전해오는 자연의 느낌.

양말을 벗는 순간

맨발로 대지에 서 보니 지금 살고 있는 집이 누구와 비교하면 작아지고 커지고 하는 불편한 마음이 보인다. 맨발로 걷는 지금 난 느낄 수 있다. 비바람을 막아주고 편안함을 제공해주는 보금자리가 있다는 게 얼마나 감사하고 고마운 것인지 말이다. 누군가와 비교하는 불필요한 가식을 벗어버릴 수 있다면 그만큼 간소한 삶을 살 수 있다. 큰 집으로 이사를 하고 좋은 차를 타고 다닌다고 해서 마음 한구석의 허전함을 채울 수는 없다. 오히려 소로처럼 간소해지려 할수록 더 많이 채워질 것이다.

"시골 논두렁길이 아니어도 서해안 갯벌이 아니어도 바닷가 모래사장이 아니어도 비록 못에 찔려 피가 난다 해도 아, 맨발의 상쾌함을 가끔 구두와 양말을 벗어 제치고 미개인처럼 나는 도심을 행보하고 싶다." 맨발이 되어본 김영월 시인은 어떤 느낌이었을까? 나도 미개인이 되어 거침없이 걷고 싶다. 맨발로 서 있기만 해도 멀리 보이던 자연이 내게로 왔고, 양말을 벗어버리듯 나의 불필요한 것들을 벗어던지고 싶다. 편견을 던져버리면 변화의 세계를 만날 수 있고, 교만을 던져버리면 겸손함이 다가온다. 하나하나 필요 없는 것을 찾아 버리고 싶다.

간소한 삶을 살아가기 위해 꼭 숲속에 들어가야 하는 건 아니다. 주위를 돌아보면 수많은 불필요한 것들을 발견할 수 있다. 그것들을 버릴 수 있어야 한다는 말이다. 소로가 말한 것처럼 "평생을 불필요하게 가난에 쪼들리고 있지는 않은지"를 생각해보아야 한다.

온 가족 달리기

맨발 체험 후 큰아들 녀석이 해외여행을 하고 싶다고 말한다. 주위 친구들이 해외여행을 다녀온 후에 자랑을 한 것 같다. 기죽은 모습을 보기 싫어 처음에는 어떻게라도 보내려 했다. 그러나 이내 마음을 바꿨다. 여행의 목적이 '다른 아이들에게 기죽을까봐'서라면 소로가 말한 것처럼 '불필요한' 여행이었다. 그래서 그보다 더 특별한 체험을 해주기 위해 6km 단축 마라톤에 온 가족이 출전하기로 했다.

2주 동안 아내와 큰아이와 둘째 딸은 두세 번 동네 하천에 나가서 연습도 하며 부담 없이 참가했다. 하지만 많은 사람들이 출발선에 서서 기다릴 때에는 살짝 걱정이 되기도 했다. 한 번도 뛰어본 경험이 없고 일곱 살 꼬마를 데리고 달린다는 게 쉽지 않을 것 같았다. 출발! 소리와 함께 유치원 다니는 막내는 기를 쓰고 달린다. 2km정도 달리다 보니 걷는 사람들보다 속도가 더 느리다. 그러는 사이 다른 식구들은 이미 보이지 않고 막내와 나, 둘만 남아 있다.

절반쯤은 경치도 보며 뛰기도 하고 걷기를 반복했다. 그러던 중 3km쯤 왔을 때 막내가 길에 주저앉아 일어나지를 않는다. 아무리 달래도 다리가 아프다고 찡찡거린다. 어떻게 해야 하나? 되돌아가도 반이고 앞으로 가도 반이 남았다. 난처한 상황이라 일단 업고 사람들이 달려간 방향으로 걸었다. 둘 다 땀이 뒤범벅이 되어가면서도 걷다 지치면 쉬기를 반복하며 결승점에 들어왔다. 사람들은 주최 측에서 마련한 맛있는 음식을 먹고 일어나고 있었다. 나는 막내와 함께 아이스크림을 사서 올라간 체온을 식히며 가족들이 기다리는 곳으로 갔다.

온 가족 달리기를 통해 우리에게 필요한 것이 무엇인지 생각해보는 계기가 됐다.

의식혁명

책을 읽으며 시작되는 변화에는 여러 가지가 있다. 읽는 속도가 빨라질 것이고, 그로 인해 많은 분량의 책을 볼 수 있다. 다양한 지식을 얻게 되고, 수많은 사람들의 인생 이야기를 들을 수 있다. 성공한 사람들의 삶을 보며 그들의 인생관도 엿볼 수 있다.

처음 책을 접할 때 나의 고민은 외형적인 것에 치우치곤 했다. 하루에 몇 권 읽었는지를 중요하게 생각하기도 했다. 두세 권 읽은 날은 뿌듯하기까지 했다. 하지만 무엇을 얻었나 생각하면 허탈할 때가 많았다.

책을 읽는다는 것은 무엇을 보는 것일까? 결국 책에서 말하는 사람의 생각을 보는 것이다. 얼마나 빨리 보고 얼마나 많이 볼 수 있는지, 그 능력이 중요한 게 아니다. 책에서 말하는 사람의 생각을 따라 들어가 그가 바라보는 시선이 어떠한가를 보는 것이다. 그 생각의 크기가 내 생각으로 감당할 수 없는 간극으로 인해 충돌이 날 때 세상이 달라 보이는 것이다. 현재 수준으로 작은 계획은 달성할 수 있다. 예를 들어, 새벽에 일어나 운동을 하거나 독서를 할 수 있다. 그러나 성공자의 의식을 가지고 산다는 것은 쉬운 일이 아니다. 왜냐하면 그들은 자신만을 위해 세상을 바라보지 않았기 때문이다. 자신만 생각하는 사고로는 위인이 바라보는 세상을 알 수 없다. 자신과 위인의 간극의 변화를 받아들이기 위해 책을 읽는 것이다. 결과적으로 생각의 수준을 높일 수 있느냐 없느냐의 문제다.

생각의 수준이 달라지지 않는다면 직장인으로 아무리 바쁘게 열심히 살아도 결과를 어느 정도 예측할 수 있다. 그러나 생각의 수준을 높이면 얼마나 발전할지 예측할 수 없게 된다.

책을 읽는 것,
생각을 읽는 것

우오 다카시의《장사의 신》에 이런 말이 나온다.

"직원들이 나중에 독립해서 또다시 즐거운 가게를 열어준다면, 그것 역시 나의 재산이 되는 거고, 이전 가게 입장에서 좋고 나쁜 문제가 아니라 자신의 인생에서 무엇을 추구할지의 문제라고 생각해."

마지못해 직장에 다니는 게 아니라, 내가 직장에서 어떤 가치를 만드는 일을 하는지를 볼 수 있어야 한다. 우오 다카시는 직원들이 독립을 하면 경쟁자가 되고 지금의 일에 지장이 있다고 생각하지 않는다. 일반적인 사람이라면 자신의 장사에 피해가 된다고 싫어할 것이다. 그러나 그의 생각은 사뭇 다르다. 직원들이 독립을 해서 나가는 것에 가치를 부여하며 장사를 한다. 그런 그의 생각을 따라 바라보면 나의 왜소함이 보인다.

책에서 들려주는 생각을 따라가다 내가 체험하지 못한 세상을 훔쳐볼 때의 그 짜릿함은 무어라 설명하기 힘든 희열이 있다.

현재의 직장생활을 벗어나야만 행복한 게 아니다. 생각의 수준이 얼마나 성장하느냐에 따라 가치를 부여할 수 있다. 뿐만 아니라 생각이 커져갈수록 현재의 삶을 바꾸는 계기를 많이 만들 수 있다.

"우리 가게는 싼 메뉴를 팔고 있으니까 서비스는 대충 해도 된다는 제멋대로의 발상."

싼 메뉴를 파니까 서비스를 대충 해도 된다는 게 당연한 생각인지, 묻는 그에게서 고객을 어떻게 생각하고 있는가를 느낄 수 있다. 그는 고객을 자신의 돈벌이를 위한 수단으로 보지 않는다. 싼 메뉴든 고급 메뉴든 그에게는 고객을 기쁘게 하는 것이 중요하다. 가게는 고객을 행복하게 만들기 위해서 존재한다. 장사가 단지 돈벌이 수단일 뿐인 사람과 고객의 즐거움을 위해 가게를 하는 사람은 분명 차이가 있다. 그들이 세상을 바라보는 시각은 아주 다르다. 가게의 존재 이유가 고객이 있기 때문이라고 생각하는 사람의 행동은 다를 수밖에 없다. 왜 손님을 즐겁게 해야 하는지 이유를 알기 때문이다. 손님을 돈벌이 수단으로만 생각한다면 일시적으로 성공을 거둘지는 모르지만 시간이 흐를수록 가게를 유지하기는 힘들 것이다.

3년간 책을 읽으면서 느낀 것 중 가장 큰 영향을 받은 것은 생각, 즉 의식의 확장이었다. 책을 만나기 전과 비교해보면 상상하지 못할 정도로 바뀌었다. 생각해보지도 못하던 것을 생각할 수 있게 되었기 때문이다.

맞벌이 삶이 감사하고 즐겁다. 직장에서 일에 대한 소명의식도 생겼다. 글을 쓰고 작가의 삶을 살며 사람들에게 좋은 영향을 주고 싶다. 나이가 들수록 오히려 하고 싶은 일이 더 많이 생긴다. 책을 읽기 전에는 맞벌이 생활에서 벗어나고 싶다는 생각에만 사로잡혀 있었다. 그러나 현재의 생활에서도 여러 인생을 살 수 있다. 또 다른 계획과 꿈을 향해 차근차근 준비해가고 있다. 생각의 변화를 찾고 그것을 수없이 느끼며 책을 만나면서 나도 모르는 사이에 지금의 자리에 서 있게 되었다.

새로 교체되는 세포

목욕탕에서 큰아들 등을 밀어주며 말했다.

"때가 국수발 같이 줄줄 나오네."

"스트레스를 많이 받아서 그래요."

"중학생이 뭔 걱정거리가 많다고 스트레스냐?"

"때는 죽은 제 피부잖아요. 공부 스트레스를 너무 받아서 그래요."

학자들의 연구에 따르면, '우리 몸을 이루고 있는 원자는 98%가 1년 안에 다른 원자에 의해 교체된다.' 우리 세포는 새로 만들어지고 죽는 과정을 거친다. 인체도 수없이 많은 변화를 겪는다. 생각 또한 책을 만나가며 쉼 없이 변해가고 있다. 새로운 생각을 만나면서 나의 구태의연한 사고가 때로 변해 떨어져 나간다. 이렇게 새로운 세포가 만들어지듯 새로운 의식이 높아지면서 세상이 달라 보인다.

"사랑하면 알게 되고, 알면 보이나니 그때에 보이는 것은 전과 같지 않으리라."

유홍준 교수의 《나의 문화유산답사기》에 나오는 정조시대 문인 유한준의 말이다. 참 근사한 말이다. 읽을수록 마음에 자리하는 글귀다. 어리석은 식견으로 생각의 변화를 비유하기에 죄송스러우나 사랑한다는 말을 생각의 변화로 바꾸어 표현해보고 싶다.

'삶을 바꾸기 위해서 생각의 변화를 알게 되고, 의식이 높아질수록 보이나니 그때에 보이는 것은 바쁘고 지친 삶과 같지 않으리라.'

노력을 버려라

직장을 다니며 바쁜 맞벌이 생활을 했다. 뒤처지지 않으려고 노력했다. 10년이 훌쩍 넘는 사이 아이도 셋 생겼다. 지금까지 탈 없이 밝고 건강하게 자라줘 고맙고 감사하다. 그렇게 평범한 40대 직장인으로 살아가고 있었다.

직장에 있는 동안에는 '회사는 절대 흔들리지 않는다' 고 스스로 다짐을 하며 지냈다. 몇 년 전, 회사 인원을 감축해야 하는 어려운 상황에서는 그 어느 때보다 더 열심히 노력했다. 회사가 힘차게 도약할 때는 신바람을 내며 열심히 달려가기도 했다.

아내는 직장 다니며 육아와 살림살이에 하루 25시간이 주어진다 해도 모자랄 정도로 정신이 없다고 했다. 사실 맞벌이 생활을 하며 남자들이 바쁘고 힘들다 해도 여자들에 비해서는 덜한 것 같다. 가끔씩 청소를 도와주기도 하지만, 아내가 나보다 두세 배 더 많은 일을 하는 것에 미안함을 느낀다. 아내가 출장이라도 가는 날이면 온 집안에 비상이 걸린다. 감당하기 어려울 지경이 된다. 학교에서는 아이들 교재를 뭐 그리 많이 준비해오라고 하는지 문구점에 가면 숨은보물 찾기를 하고 오는 기분이다. 아침에 일어나 밥 먹고 학교로 유치원으로 데려다 주노라면 정신이 하나도 없다. 회사에 출근해 차를 마시며 긴 한숨을 내쉬면 오히려 편안함이 느껴진다. 맞벌이 생활이라면 아마도 대부분 비슷한 일상일 것이다.

열심히 하는 게 미덕인줄 알고 바쁜 생활을 해오며, 나도 모르게 건강이 나빠지고 있었다. 정신적으로도 목표를 찾지 못해 안개 속을 헤매고 있는 기분이었다. 뭐가 잘못된 건지 원인을 찾지 못했다. 그저 쉬고 싶었다. 그러나 휴식은 생각에서만 가능한 일이었다. 오히려 휴식을 하려면 더 노력해서 기반을 잡고 여유로운 상황이 되어야만 한다는 강박관념이 있었다. 도대체 어느 정도 열심히 살아야 마음껏 쉴 수 있단 말인가? 문제를 제대로 바라보지 못한 나는, 엉뚱하게도 직장동료와 주변 친구들과 신세타령으로 시름을 달래려 했다.

노력만 하지 말고
생각의 전환이 필요하다

건강을 위해서는 변해야 했다. 열심히 운동하고, 좋은 음식 섭취하고, 충분한 휴식을 취하면 되겠지, 결심하고 실천해본다. 작심삼일은 고사하고 작심 반나절에 무너진다.

금연에 관련된 오래된 이야기가 떠오른다. 젊을 때부터 계속 담배를 피워온 할아버지가 폐가 나빠져서 수술을 기다리고 있었다. 할아버지는 수술실에 들어가시기 전에 '마지막으로 담배 한 대만 피우고 수술실에 들어가고 싶다'고 말씀하신다. 한평생 습관이었으니 그 심정이 살짝 이해가 된다.

나도 20대까지 담배를 피웠다. 금연하겠다고 수십 번을 '끊었다' '피웠다'를 반복했다. 그러다 피우지 못하는 상황이 생겼다. 아내가 나의 금연을 조건으로 결혼을 약속했기 때문이다. 그 후로 아내 몰래 몇 번의 유혹에 넘어가기도 했지만 결혼 후 지금까지 피우지 않고 있다.

습관을 고치는 건 노력만으로 쉽지 않다. 현재의 생각으로는 쉬운 게 아니다. 무작정 행동으로 옮기면 실패할 확률이 높다. 그보다 근본적인 방법을 찾아야 한다. 독서를 하며 가장 많이 변한 것은 '생각'이었다. 지식은 쌓여갔지만 일상이 변하는 데는 큰 영향을 주지 못했다. 무엇보다 생각의 전환이 나의 많은 것을 바꾸어놓았다.

책을 보면서 건강도 좋아지고 있다. 작년에는 처음으로 재검을 받지 않았고 일상의 생활이 전보다 즐겁고 감사한 일들이 많아졌다.

현재 글을 쓸 수 있게 된 것도 노력 덕분이 아니다. 만약 작가가 되기 위해 매일같이 일정 분량의 글을 쓰며 연습하려고 했다면 벌써 포기했을지도 모른다. 인생을 재미있게 살아보겠다는 생각의 변화가 마음에 새겨진 다음부터였다. 즐겁게 살아가기 위해 '하고 싶은 것 리스트'에 작가의 꿈을 추가했다. 글을 쓰면 현재의 삶을 살면서 또 다른 인생도 체험해볼 수 있는 매력이 있다. 성공만을 꿈꾸며 계속 달려가기만 했다면 맞벌이 삶은 변하지 않았을 것이다. 하지만 책을 통해 노력보다 생각의 변화가 중요하다는 것을 깨달으면서 삶이 바뀌어가고 있다.

의식이 성장하는
변화가 답이다

내가 이루고 싶은 것을 위해 지금 하고 있는 노력은 내가 책을 만나기 전에 하던 노력과는 다른 것이다. 전에는 마지못해 먹고 살기 위해 노력했다. 환경에 지배를 받으며 수동적으로 살아왔다. 하지만 책을 보면서 행동은 적극적이 되었다. 바쁘고 힘든 맞벌이 생활을 오히려 즐기며 살아가고 있다. 세상을 바라보는 의식이 높아질수록 현재의 환경에서 좋은 점을 발견하고 있다.

요즘은 나보다 더 나은 사람들을 찾아 나서게 된다. 처음에는 이유를 몰랐다. 그저 그들에게 무언가 배울 것이 있겠지, 하는 생각이었다. 사람 사귀는 것에 소극적이었던 내가 변해가고 있다. 그들을 만날 계기가 된다면 언제든 만나보고 싶다. 그들의 의식을 닮아가고 싶기 때문이다. 색다른 사고로 세상을 바라보는 것을 배우고 싶기 때문이다.

책을 900권 정도 읽으면서 느낀 건 내가 이루고 싶은 일, 살고 싶은 인생을 살아가도록 도와주는 것은 노력이 아니란 것이었다. 삶이 변화를 받아들일 수 있도록 생각이 변해야 했다. 즉, 의식이 확장되어야 한다. 그저 생활에 지쳐 그것을 헤쳐 나가겠다고 노력만 한다면 힘들 것이다. 오히려 한발 물러나서 나를 돌아볼 필요가 있다. 지금의 생각에서 벗어나려면 책이 들려주는 놀라운 변화의 말을 들어야 한다. 자신이 원하는 삶을 살고 싶다면, 먼저 변화를 찾으려 노력해야 한다.

줄거리를 이해하기 위한 독서보다, '변화'를 찾는 관점으로 책을 읽어

야 한다. 그런 자세와 태도로 반복된 독서를 한다면 의식은 자연히 확장
될 것이다.

생각의 힘은 모든 것의 출발선이 된다. 산에 오를 때 가장 낮은 곳에 베
이스캠프를 설치할 것인가? 아니면 가장 높은 곳에 설치할 것인가? 자신
이 출발할 장소가 산 정상에서 가장 가까운 곳이 될 수도 있고, 가장 멀
수도 있다. 둘의 차이는 자신의 생각의 크기 차이와 같다.

**한 권의 책을 만날 때마다 베이스캠프를 점점 높은 곳에 설치하듯 자신의 생
각을 변화시키기 위해 노력해야 한다.**

선택

우리는 매일 무엇인가를 선택하며 살아가고 있다. 아침에 눈을 떠 부랴부랴 아침을 먹고, 아내 아이들과 함께 회사로 학교로 집을 나선다. 매일 반복되는 출근길, 어쩔 수 없이 가는 직장이라고 생각했다. 젊을 때에는 심하게 말해 월급 때문에 간다고 생각한 적도 있다. 그러나 이것 또한 나의 선택에 의해 이루어진 것이다. 힘들고 짜증나는 기분으로 끌려가듯 출근하는 것도 내가 선택한 것이고, 어제와 다른 하루를 맞이하지 못하고 하루하루 사는 것도 결국 내가 선택한 것이다.

"인간에게서 모든 것을 빼앗아갈 수 있어도 단 한 가지, 마지막 남은 인간의 자유, 주어진 환경에서 자신의 태도를 결정하고, 자기 자신의 길을 선택할 수 있는 자유만은 빼앗아갈 수 없다는 것이다."

빅터 프랭클 박사가 쓴《죽음의 수용소》에 나오는 글을 보면, 나치의 강제 수용소에서 매일 목숨을 잃을 수 있는 상황에서도 뺏기지 않는 한 가지가 있다. 바로 자신의 태도를 결정하는 선택의 자유다. 죽음 앞에서도 빼앗을 수 없는 선택을 우리는 일상에서 어떻게 하고 있는가? 타인에게 끌려가듯 살아가고 있지는 않은지 되돌아보아야 한다.

무엇을 바라고 시간을 흘려보낼 것이 아니라 적극적으로 나에게 다가오는 일을 결정할 때 빅터 프랭클 박사의 말을 되새기게 된다. 그는 또 이렇게 말한다.

"수감자가 어떤 종류의 사람이 되는가 하는 것은 그 개인의 내적인 선택의 결과이지, 수용소라는 환경의 영향이 아니라는 사실이 명백하게 드러난다."

결국 자신의 내적 선택의 문제이지, 외부 환경 탓이 아니라는 말이다. 자유롭지 못한 수용소 생활에서도 자신의 선택에 따라 가치 있는 삶을 살 수 있다고 한다. 가혹한 상황과 조건에 처해 있더라도 그 누구도 빼앗을 수 없는 선택의 자유에 대해 진지하게 생각해봐야 할 것이다.

롤 모델, 멘토의 선택

책을 읽으며 '롤 모델' '멘토'라는 말을 많이 보게 된다. 닮고 싶은 사람이 생기기도 하고 그들을 닮으려 노력도 해본다. 특히 그들이 제시하는 방법을 따라 해보게 된다. 하지만 고민도 생긴다. 가치관은 너무 닮고 싶은데, 하는 일이 전혀 다르기 때문이다. 또 행동은 따라 하고 싶은데 그의 인생에 대한 자세가 나와는 맞지 않는다. 결국 내가 닮고 싶은 것은 그의 전체가 아니다. 본받고 싶은 장점만 취하면 된다.

"먼저 '되고 싶은 나'의 전체 이미지를 떠올린 다음, 다양한 사람들로부터 그 이미지를 구성하는 각각의 특성들을 모아 새롭게 만든 일종의 모자이크인 셈이지."

에릭 시노웨이, 메릴 미도우의 《하워드 선물》에 나오는 말이다. 하워드 교수의 롤 모델은 한 사람의 전체를 닮고 싶은 게 아니라고 한다. 다양한 사람에게서 배우고 싶은 부분만 빼 각각의 특성들을 모아 새롭게 만든 일종의 모자이크인이라고 한다.

롤 모델, 멘토가 흔하게 쓰이는 현실에서 혼란스럽던 생각을 붙들어주었다. 하워드 교수는 그들에게 본받고 싶은 것만을 선택하는 지혜를 들려줬다. 그 후로 한 사람을 존경하고 본받으려고 하다가 실망한 점을 발견하면 그의 모든 것을 부정하던 사고가 없어졌다. 그리고 오히려 장점이 더 많이 보이기 시작한다. 나만의 선택 기준이 만들어진 것이다.

매 순간 우리는 선택을 하며 살아간다. 더 간절하게, 더 다양한 시선으로 판단한다면 삶의 변화에 도움이 될 것이다. 전과 다른 선택을 하기 시작하면 미래에 대한 사고도 달라진다. 한 치 앞도 볼 수 없는 게 인간이다. 그러나 희망적인 미래를 그려본다. 밝고 즐거운 생활을 그려보고 나로 인해 사람들이 조금이라도 행복해하는 시간을 본다. 어떤 미래가 기다린다고 해도 희망적으로 살아간다. 현재에 충실하며 미래의 기다림을 희망으로 채워간다면, 매 순간 행복한 선택을 할 수 있다.

어느 누구도 빼앗을 수 없는 '나의 선택'이 변화하는 인생을 만들어줄 수도 있고, 그 반대일 수도 있다. 그 선택권은 나 자신에게 달려 있다.

거꾸로 책 보기

창의적인 책읽기에 대해 생각하다 문득, 항상 보는 방법으로는 현재 수준을 벗어날 수 없다는 생각이 들었다. 읽을 책은 한없이 많은데 읽는 속도는 별로 변화가 없었다. 전보다 빨라졌지만 3년간 독서 속도를 되돌아보니 지금 방식으로 책을 읽는다면 앞으로도 어느 정도의 속도인지 예측이 되었다. 한 줄씩 읽어서는 답이 없어 보였다.

그때 '책을 삐딱하게 45도 정도 기울여 놓고 읽어보면 어떨까?' 하는 생각이 떠올랐다. 기존의 시선은 책을 바르게 놓고 보는 방법에 길들여져 있기 때문에 그것을 파괴해본 것이다. 어색하기는 하지만 두 줄 정도 글이 동시에 보인다. 처음에는 눈이 어지러워 다시 똑바로 놓고 읽다가 지루해지면 중간중간에 시도해보았다.

보름 정도 하다 보니 쉬운 내용의 책들은 제법 50페이지 가량 볼 수 있었고, 나름대로 시간도 두 배 정도 절약되었다. 재미삼아 시작해본 건데 시간이 지날수록 평소에 보던 방법보다 더 빨리 볼 수 있게 됐다.

45도 정도 기울여 읽는 게 어느 정도 익숙해졌을 때, 이왕 해보는 것 90도 기울여서 읽어봤다. 왼쪽에서 시작해 오른쪽으로 가던 시선이 위에서 아래로 보게 된다. 오래된 책 중 세로쓰기로 된 책을 읽고 있는 것 같은 착각에 빠지기도 했다. 책 읽는 시선의 시작도 오른쪽에서 시작하게 되니 불편하게 느껴진다. 하지만 위 아래 보는 것뿐 아니라 조금씩 좌우로도 글자가 눈에 들어온다. 기존의 읽기와 다른 이 생소함이 오히려 재미가 있다. 내 몸에 새 옷을 입는 것 같은 느낌이다. 처음 입어보는 어색함과 동시에 새롭게 변해 보이는 모습이 좋다. 반쯤 기울이고, 옆으로 놓고보다 한 권 전체를 삐딱하게 볼 정도의 실력이 생겼다.

기존의 틀에서 벗어나 자유롭게 책을 읽을 수 있다는 걸 알게 되니 호기심이 더 생겼다. 기왕 시작했으니 뒤집어 거꾸로 책을 놓았다. 물구나무 서 있는 글을 읽어내려 갔더니 시선이 갈팡질팡 정신이 없다. 모든 것이 기존 방식과 반대가 된다. 오른쪽에서 왼쪽으로, 아래에서 위로 보아야 했다. 마지막 장까지 물구나무 책읽기를 마쳤다. 처음에 '기존 방식을 벗어나는 법이 있을까?'로 시작한, 불편했던 독서가 계속 페이지를 넘겨갈수록 익숙함으로 바뀌었다. 이러한 색다른 경험을 하면서 나도 모르게 타성적으로 책을 읽고 있었던 건 아닌지 뒤돌아보게 되었다. 약간의 저항이 걸린 책읽기를 통해 오히려 의욕이 생긴다. 책을 뒤집어 놓고도 읽을 수 있다는 것을 알게 되었으니, 지금의 생활도 다른 방식으로 바라보는 사고를 가져봐야겠다.

매일 바쁘게 움직이는 발걸음은 무엇 때문일까? 직장에서의 성공을 위해서일까? 더 많은 보수를 받기 위해서일까? 결국 가족을 위해서일 것이다. 바쁘게 정신없이 뛰어다니지만 정작 무엇 때문에 바쁜지는 잊고 지내고 있었다. 사랑하는 가족을 위해서였고 더 나아가 나 자신으로 인해 조금이라도 이웃이 행복해질 수 있었으면 하는 마음에서였다. 빨리 가야 하는 이유가 가족을 위한 것이라면 숨가쁘게 달리기만 할 일이 아니다. 오히려 가족을 잊고 달리며 더 멀어지는 길로 갈 수도 있다. 변화를 찾기 위해서는 목표를 정확히 알고 있어야 한다.

어떤 사람이 길을 가다 너무 지쳐서 달구지 같은 걸 보고 반가운 마음에 같이 타고 가면 안 되냐고 물었다. 그러자 달구지 주인이 친절하게 대답했다.

"타십시오."

"예루살렘까지 얼마나 걸리나요?"

"지금 속도라면 30분 정도 걸립니다."

나그네는 어느덧 잠이 들었고, 30분쯤 지나 눈을 떴다.

"예루살렘에 다 왔나요?"

"이 속도라면 한 시간 걸립니다."

"아까는 30분이라고 했잖습니까? 30분을 왔는데 왜 다시 한 시간 걸린다고 합니까?"

그러자 달구지 주인이 말했다.

"이 달구지는 예루살렘 반대 방향으로 가는 중입니다."

고도원의《꿈이 그대를 춤추게 하라》에 나오는 예화를 들으며 목표의
방향도 중요함을 느낀다. 갈 길만 바빠 반대방향으로 신나게 달린다면
오히려 가고자 하는 곳에서 더 멀어질 수 있다. 정작 정신없이 바쁘게 사
는 것에 치여 엉뚱한 곳을 바라보고 있지 않은가 생각해보게 된다. 나는
지금 무엇을 위해 살고 있는가? 뒤돌아 걸어본다.

2등이 더 좋아!

"우리나라에서 두 번째로 싼 집."

그럼 제일 싼 집은 어디란 말인가? 공짜로 준다면 몰라도 아니 '공짜
핸드폰 드려요'라고 써놓는 곳도 있으니 공짜도 제일 싼 게 아니다. 기를
쓰고 1등을 해야 한다고 해서 손해를 보면서 장사할 수는 없는 노릇 아닌
가? 그리고 보니 '두 번째로 싼 집'이 오히려 1등보다 더 좋은 것 같다. 제
살 깎아먹듯 마진이 없는 제일 싼 집보다 저렴할 필요도 없고 그렇다고
비싸다는 이미지도 없다. 1등을 하기 위해 제일 싼 가격이라 외치는 것이
옳은 것인가? 아니다.

**한 번쯤은 책을 거꾸로도 읽어보고, 뒤돌아 걸어도 보고, 2등이 더 좋다고 외
치며 살아가자. 자신의 현재 틀에서만 생각하지 말고 틀 밖으로 나아가서 해답
을 찾아보자.**

편견의 파괴

3년간 자투리 시간을 이용해 1000권의 책과 만남을 가졌다. 독서를 하며 가장 중점을 두었던 건 한 가지였다. 한 사람의 인생을 만들어가게 한 것, '그가 받아들인 변화는 어떤 것인가?'라는 관점에 치중한 독서를 했다.

우리는 한순간도 똑같은 삶을 반복하지 않는다. 어제가 오늘 같고 내일도 오늘 같을지 모르지만 우리가 쉬는 들숨과 날숨이 단 한 번도 같은 적은 없다. 한순간도 변화를 받아들이지 않는다는 것은 삶이 멈추었다고 말할 수 있을 것이다. 고사한 나무는 변화를 멈춘다. 그러나 살아있는 푸른색을 입고 있는 나무는 끊임없이 변화를 받아들이며 살아가는 것이다.

현재 나에게 '변화'가 무엇인지를 한번은 정의해봐야겠다고 생각했다. 나를 움직이게 만들 수 있는 변화는 무엇인가? 여러 가지 답을 할 수 있겠지만 그 중에 하나를 고른다면 바로 이것일 것이다.

"편견의 파괴."

열심히 살다
지쳐버린 우리들

평범했던 맞벌이 아빠로 살며 3년간 변화가 많았다. 그간의 경험들이 누군가에게 도움이 된다면 좋겠다는 생각이 들어 책을 쓰게 됐다. 편지 한 통 쓰지 않던 사람이 책을 쓰겠다고 생각이 바뀐 건 내 안에 들어있던 잘못된 생각, 즉 '편견'을 발견했기 때문이다. 누구나 할 수 있는 일이지만 내 마음속에 도사리고 있는 편견은 절대로 할 수 없다고 말했었다. 그 단단하게 굳어져가는 편견의 덩어리를 과감하게 부숴버렸더니 그 공간에 변화가 자리하게 되었다. 회사에 독서문화를 만들어간 것도, 미래에 담보로 잡혀 있던 행복을 찾을 수 있었던 것도, 나의 잘못된 편견을 파괴해버렸기 때문에 경험할 수 있었던 것들이다.

책을 만나기 전에는 10년이라는 시간을 맞벌이 직장인으로 바쁘게만 살았다. 힘들 때는 동료들과 소주 한잔 마시며 '왜' 삶이 바뀌지 않는지 푸념만 했고, 나름대로 열심히 노력도 했지만 현실은 변하지 않았다. 다람쥐 쳇바퀴 돌듯 어제 같은 오늘을 보냈다. 하지만 책을 만나게 되면서 드디어 노력만으로는 변하지 않는다는 걸 알게 되었다.

사전에서 '편견'의 뜻을 찾아보면 "공정하지 못하고 한쪽으로 치우친 생각"이라고 풀이되어 있다. 성공한 사람들은 뛰어난 재능을 가진 특별한 사람들이라고 생각했다. 그들은 우리와 무언가 다르다는 편견을 가지고 있었다. 성공한 사람들은 정말 나와 다른 사람인가? 아니었다. 다만 나는 그렇게 될 수 없다는 잘못된 편견이 문제였던 것이다.

편견이 사라지는 만큼
변화의 울림이 온다

변화는 '나의 내면에 존재하는 잘못된 생각이 없어지는 만큼' 이루어지는 것 같다. "위인이 되고 싶은 사람만이 위인이 될 수 있다"고 한다. 편견의 벽이 가로 막고 있는 한 변화의 바람이 비집고 들어올 공간은 없다. 책에서 들려주는 변화의 울림을 알아들을 때 조금씩 그 벽이 허물어진다. 변화의 소리가 점진적으로 반복되다 보면 벽돌같이 단단한 편견도 구멍이 뚫리고 약해져 무너질 것이다. 그러나 반대로 변화의 바람을 계속 불어넣어 주지 않는다면 오히려 더 단단한 편견의 철옹성이 될 수도 있다.

나에게 변화는 '편견으로부터의 해방'이다. 너무 거창한 것, 거대한 것에 대한 이야기가 아니다. 평범한 삶을 바꾸어놓고 있는 변화는 나를 자유롭게 살아가도록 해준다.

나는 기적에 귀 기울이지 않는다. 작은 변화일지라도 세상이 나에게 들려준다면 오늘도 기꺼이 청할 것이다.

아름답게 변화되는 삶

"세계는 변화다. 우리의 인생은 우리의 생각들이 결정한다."
- 마르쿠스 아우렐리우스 안토니우스

'변화된 삶을 살고 싶은가?'

'간절히 바란다.'

'당신에게 변화란 무엇인가?'

'깨달음을 얻는 것이다.'

'어떻게 얻을 것인가?'

'책을 통해.'

변화를 받아들이고 싶은가?

일상의 자투리 시간을 내서 독서를 했다. 책을 열 때 두근거림도 있었고, 시간이 흐르며 지루함도 느꼈고, 슬럼프에 빠져 책을 집어던진 적도 있었다. 그렇게 3년의 시간 동안 친구가 되어준 책과 수다도 떨고, 싸우다 토라지기도 했지만, 책은 내가 힘들 때마다 삶을 지탱해주는 기둥이 되어주었다. 마흔 넘어 만난 게 너무 늦은 건 아닌가 하는 생각도 했지만 마음을 내려놓고 쉬엄쉬엄 읽다 보니, 늦고 빠른 시기보다는 한평생 함께 할 것인가의 마음가짐이 더 의미 있는 것이란 걸 알게 되었다.

지금의 삶보다 더 윤택해지고 싶어 시작했고, 그러기 위해 사람들이 살아간 인생을 보고, 듣고, 대화하며 그들이 바라보는 시선의 높이를 이해하려 했다. 결국 책을 통해 생각에 변화가 생겼고, 그로 인해 내안에 자리한 편견이 없어지는 만큼 새로운 삶을 살아갈 수 있음을 알게 되었다. 책을 통해 처음 배우고 싶었던 것은 '변화'였고, 시간이 지날수록 하나 더 추가 된 것은 '지금'이다. 책을 읽는 목적은 사람마다 다르다. 그러나 자신의 삶이 행복하기를 바라는 마음은 모두 같을 것이다.

인생에 변화를 원한다면 자신만의 자투리 시간을 찾아 한 권, 한 사람의 인생을 만나라. 그리고 당신의 삶을 아름답게 변화시키길 바란다.

리딩

…

25쪽 독서,
책을 쪼개라

25쪽 읽기는
왜 필요한가

25쪽 읽기란, 한 권의 책을 읽을 때 '25쪽을 얇은 한 권의 책'으로 생각하고 독서하는 방법이다. 한 권의 책을 게임하듯 자신이 원하는 만큼 얇게 만들어 읽는 것이다. 여기서 포인트는 한 권의 책을 쪼개어 여러 권의 얇은 책을 만들어 읽는 것이지, 꼭 25쪽 분량으로 쪼개는 데 있지 않다. 자신에게 맞게 페이지 수를 찾아나가는 게 중요하다. 자유롭게 늘리거나 줄여서 읽기 시작하면 된다.

독서는 창조 과정이지만 사실 창조는 고사하고 독서를 시작하는 초보 때는 책을 읽는다는 게 그리 쉬운 일이 아니다. 계속된 재미를 느끼기도 어렵고, 거기에 더해 직장에 매이고 시간이 부족한데 책을 본다는 것 자체가 쉬운 일이 아니다. 대단한 각오를 해도 작심삼일이 되어버리는 경우가 자주 생긴다.

독서는 매일 리듬을 타듯 읽어야 힘들지 않다. 하지만 주변 여건이 브레이크를 자주 걸어온다. 현실을 벗어나 도서관이나 조용한 곳에서 책을 읽을 수 있다면 더 바랄 것이 없겠지만 바쁜 생활에 그것은 사치처럼 느껴진다.

야근할 일이 생겨서, 술 약속을 거절하지 못해서, 아이들이 아파서….

생각지 않은 일들이 나의 독서를 종종 방해했고, 책을 처음 읽기 시작한 6개월 정도는 슬럼프에 자주 빠졌다. 주어진 환경에 맞춰 책을 읽으려 하지 않은 마음이 문제였다. 직장인, 그것도 아이 셋에 맞벌이 아빠로 살며 하루에 책 읽을 수 있는 시간이 얼마나 되겠는가? 그렇다고 새벽에 일어나 수험생처럼 공부하는 것도 체력이 따라주지 않는다.

독서의 첫째 조건은 건강이라고 생각한다. 컨디션이 좋지 않으면 아무리 집중하려 해도 글이 눈에 들어오지 않는다.

직장인이나, 시간이 부족한 사람은 자투리 시간을 공략하는 게 좋다. 그래서 25쪽 독서 방법은 직장인이나, 시간이 부족한 사람들에게 효과적인 책읽기가 될 수 있다. 자신이 처해 있는 여건에 맞춰 범위를 조절하고, 그 범위를 읽을 때에는 한 권의 책을 보듯 몰입할 수 있다. 그리고 이 방법은 하루에도 몇 번을 반복 실천하며 자신에게 맞는 책읽기로 변형시킬 수 있다.

25쪽 읽기는 누구나 알고 있는 방법이지만 누구나 실천할 수 있는 독서 방법은 아니다. 나는 책읽기가 힘들어 포기하고 싶은 마음이 생길 때면 25쪽 읽기를 시작한 초심으로 돌아가 다시 독서를 했다. 그리고 그 방법은 지금도 많은 도움이 된다.

"보이지 않는 과녁은 맞출 수 없으며, 존재하지 않는 목표는 볼 수 없다."

지그 지글러의 말이다.

몸이 지치고 힘들 때는 25페이지 목표를 더 줄인 분량의 목표를 읽기도 했고, 몰입이 잘 되는 날은 25페이지를 초과해서 읽기도 했다. 그것이 쌓여 시간이 지나서는 한 권을 한 자리에서 읽을 수 있게 되었다. 여하튼 중요한 것은 주어진 시간과 환경이 들쑥날쑥한 직장인은 자신에게 맞는 책 읽기 방법을 스스로 만들어야 한다는 것이다. 처음 시작할 때는 10페이지 읽기 정도로 해도 좋다. 중요한 건 목표로 정한 분량만큼은 몰입하여 읽으려고 노력하는 것이다. 이것이 25쪽 읽기를 하는 중요한 이유 중 하나다. 자투리 시간을 이용해 어느 장소에서건 자신이 정한 분량을 읽으면 한 권의 책을 소화한 것과 같다. 한 권을 읽고 난 후 사색을 하는 것과 같이 얇은 책을 읽은 후에도 동일하게 사색을 해야 한다.

25쪽 읽기의 두 가지 강점

지하철에서 독서를 하는 두 사람이 있다고 가정해보자. 모든 조건이 같은 상태에서 한 사람은 페이지를 정하지 않고 읽고, 다른 한 사람은 목표한 페이지를 정하고 그것을 달성할 때까지 집중해서 읽는다. 둘의 차이는 한 권의 책을 읽는 것과 한 권을 여러 권으로 쪼개 읽는 것의 차이일 뿐이라고 생각할 수도 있다. 그러나 여기에는 보이지 않는 두 가지 차이가 있다. 바로 '확실한 목표'와 '몰입도'다.

♥ 확실한 목표

'작은 목표를 매일 달성하고, 매일 실천 성과를 느낄 수 있다'는 말은 변화의 힘이 생긴다는 뜻이다. 한 권 책을 대략 250페이지로 잡으면 25쪽 읽기 기준으로 얇은 책 열 권 정도의 읽기를 할 수 있다. 그러므로 매일 한 권을 읽는 사람이라면 목표를 열 번 정도 실천하고 달성할 수 있고, 5일에 한 권을 읽는다면, 하루 25쪽 읽기 기준으로 두 번 정도의 얇은 책 읽기를 달성할 수 있다. 이렇듯 매일 구체적 목표를 정하고 확인하는 것을 반복하다보면 습관이 자연스럽게 든다. 머릿속으로 이해하는 것과 실천하며 얻는 것의 힘의 차이는 크다는 걸 느낄 수 있다.

♥ 몰입도

유홍준 교수의 《나의 문화유산답사기1》에 만공스님의 재미있는 일화가 나온다.

어느 날 험한 산길을 한 스님과 가는데, 이 동행승이 힘들어서 더는 못 가겠다고 했다. 그때 마침 밭에서 화전을 일구는 부부가 있었는데 만공은 무슨 생각에서인지 냅다 달려가 여자를 덥석 안고 입맞춤을 했다. 놀란 남편은 쇠스랑을 들고 저 중놈들 죽여버린다고 쫓아왔다. 엉겁결에 동행승도 걸음아 날 살려라 달아났다. 숨을 헉헉대며 고갯마루에 올라

이제 화전 부부가 보이지 않게 되자 동행승은 만공에게 그게 무슨 짓이냐고 꾸짖었다. 그러자 만공은 "이 사람아, 그게 자네 탓이라고. 그 바람에 고갯마루까지 한숨에 왔지 않나. 이젠 괜찮은가?"

잡히지 않기 위해 죽을힘을 다해 두 스님이 고갯마루에 올랐듯이 '25쪽 독서'를 할 때에도 장소 불문하고 집중하는 연습을 해야 한다.

한 권의 책을 몰입해서 읽기는 어느 정도 독서 수준과 여건이 이루어져야 한다. 그러나 25쪽 독서는 25쪽을 한 권의 책으로 생각하고 게임하듯이 정신을 집중하기 때문에 적은 시간만 주어져도 장소에 구애 없이 몰입의 경험도 자주 할 수 있다. 이것이 25쪽 독서의 가장 중요한 핵심이다.

25쪽 읽기는 빠른 시간에 해내는 것보다 처음부터 25쪽이 끝날 때까지 집중하며 읽었는가가 더 중요하다. 항상 몰입하는 게 더 중요하다는 걸 잊지 말자. 집중을 잘 할수록 읽기 속도는 단축된다.

독서하는 누구에게나 슬럼프가 온다

하루에 열 권 읽는 사람을 보고 놀란 적도 있고, 한 권은 고사하고 몇십 페이지 읽는 것도 힘들어하는 사람도 보았다. 각자의 수준 차이는 생각하지 않고 자신은 왜 그렇게 할 수 없는지 고민하는 것은 시간낭비다. 욕심을 버리고 작은 범위를 정하고 그동안 집중하며 독서를 할 때 책이 재미있어졌다. 하지만 그렇게 재미있게 읽다가도 종종 슬럼프가 찾아왔다. 누구에게나 슬럼프가 온다. 그래서 나는 25쪽 독서를 목표, 실천, 환경, 재미로 나누어 대입해서 생각해보았다.

힘들 때 25쪽 읽기를 통해 내가 힘을 얻은 것처럼, 각자 자신만의 창의적 책 읽기 방법을 찾는데 도움이 되었으면 한다.

계획이 명확하면
실천 확률은 200%

독서를 포기하는 이유 중 대부분은 목표를 너무 크게 잡기 때문이다. '하루에 한 권' '1년에 300권' 등 거창한 목표를 세우는 것도 좋지만 자신에게 솔직해졌으면 한다. 자신 있게 매일 한 권의 책을 시간가는 줄 모르고 처음부터 마지막장을 덮을 때까지 몰입해 읽어본 경험이 있는가? 이 정도 수준은 독서 고수들이 도를 닦는 경지까지 올라간 이야기다. 직장을 다니며, 다른 일을 하면서 자신을 고수와 동일시한다는 건 환경부터가 말이 안 되는 소리다. 독서를 하다 포기하는 사람들 대부분은 책을 읽어도 삶이 바뀌지 않는 실망감 때문이 아니라 처음부터 무리하게 잡은 목표 때문이다. 한마디로 욕심이 앞서 있기 때문이다.

옛날 어느 마을에 '백발백중 천재 궁사'로 소문난 소년이 있었다. 전국에서 그 소년의 명성을 듣고 찾아온 궁사들이 비법을 물었다.

"아주 간단해요. 벽을 향해 마음대로 화살을 쏜 다음 꽂힌 화살 주변에 과녁을 그려 넣는 거죠."

《창조 바이러스 H2C》에 나오는 말이다. 백발백중 천재 궁사로 소문난 소년처럼 목표를 정하는 범위를 자신의 환경과 수준에 맞춰 능동적으로 독서를 할 필요가 있다. 그 범위가 아무리 작더라도 상관없다. 작은 목표를 매일같이 달성하다 보면 큰 목표는 자신도 모르는 사이에 이룰 수 있게 된다. 과녁에 화살을 쏘아 맞히는 것보다 쏜 화살 주변에 과녁을 그려 넣는 것이 더 쉽다.

내가 세운 작은 목표는
타인의 큰 목표보다 위대하다

절대 타인과 비교하는 목표를 잡지 마라. 그리고 천재 소년처럼 철저하게 자신만의 표적을 그려라. 그 목표가 '휴식시간 10분에 10쪽 읽기'가 된다 해도 온전히 자신이 이룰 수 있는 범위를 정하자. 자신이 세운 작은 목표는 타인의 어떤 대단한 성과보다 소중하다.

독서 목표를 포기하고 싶을 때 유용한 25쪽 읽기 팁을 제안한다.

♥ 목표를 줄여라

슬럼프에 빠지거나 포기하고 싶을 때는 목표를 줄여보는 것도 도약을 위한 준비가 될 수 있다. 애써 읽으려 하는 것보다 현재의 책 읽는 범위를 오히려 반으로 줄여보자. 꼭 읽어야 한다는 강박관념에서 벗어나보는 것도 하나의 방법이다. 또 목표를 줄이면 집착했던 마음도 줄어들 것이다. 독서 목표를 늘리고 줄이는 것은 자신에게 달려 있다.

♥ 목표를 더 세밀하게 계획하라

목표를 줄이는 방법도 좋지만 하루에 자신에게 주어지는 시간 중 방해 받지 않는 시간을 세밀하게 쪼개보는 것도 좋은 방법이다. 예를 들어 점심식사 후 15분 정도 항상 확보된다면 매일 들고 있는 책의 수준을 고려해 감정에 휘둘리지 말고 강제로라도 독서를 해본다. 아무리 바쁜 사람이라도 자신만의 숨 쉬는 시간은 존재한다. 그 시간을 인지한다면 반은 성공한 것이다. 그리고 자신이 세운 세밀한 계획(페이지 수)을 읽어나가는 것이다. 마틴 루터 킹의 말을 새겨보자.

"믿음을 갖고 첫 걸음을 떼보세요. 처음부터 전체를 볼 필요는 없습니다. 우선 첫 걸음을 떼보세요."

매일매일 독서를 하리라

맞벌이를 하며 바쁘게 살아가는데도 뭔가 불안했다. 어제보다 오늘 더 바쁘게 살아봐도 그 불안이란 놈은 좀처럼 없어질 기미를 보이지 않는다. 삶을 변화시키고 싶어 책을 만났다. 책보다 더 강력한 영향을 줄 수 있는 대상을 찾지 못했기에 매일매일 독서를 하겠다고 결심했다. 3년 전 나의 각오였다. 그러나 독서를 시작하고 3개월 정도는 매일 실패의 연속이었다. 막상 현실에서 꾸준히 독서를 한다는 게 각오만으로는 어렵다는 걸 알게 되기까지 그리 긴 시간이 필요하지 않았다. 이를 확인할 수 있는 방법도 간단하다. 지금 주위 사람들의 손에 책이 들려 있는지를 보면 알 수 있다. 당신 주변에는 과연 50% 정도의 사람이 책을 들고 있는가? 아마도 찾아보기 힘들 것이다. 게다가 매일 책을 들고 있는 사람은 또 얼마나 될까? 가뭄에 콩 날 정도라면 적당한 말일 것이다.

우리는 매일 책을 읽겠다고 각오하지만 실천을 하지 않는다. 어떤 이는 매일 작심삼일을 반복하면 된다고 한다. 그러나 그도 신빙성이 없다. 한마디로 각오는 대단했으나 그후 대부분은 그것으로 끝나버린다.

각오는 대단했지만 그것으로 끝이었다

독서는 하루 종일 하는 것이 아니다. 오늘은 휴일이라 하루를 몽땅 책과 보냈다고 뿌듯해하고, 평일에는 1시간 정도 독서를 했다고 실망할 것인가? 아닐 것이다. 실천에는 성과를 측정할 수 있는 기준을 나름대로 세우는 것이 좋다.

그럼 성과를 어떻게 측정할 것인가? 답은 간단하다. 책의 수준을 고려해 매일 목표 페이지를 정하고 그날마다 성과를 확인하면 된다. 계획이 명확할수록 실천 가능성도 높다. 복잡한 이야기가 아니다. 일단 온종일 책을 손에 쥐고 다니며, 자투리 시간 동안 정해진 분량의 페이지를 몰입해 읽으면 끝이다. 그리고 오늘 하루 계획한 것을 실천을 했는지 살펴보면 된다. 실천의 힘은 단순함에서 나온다. 복잡함이 움직임을 방해하듯 최대한 단순하게 독서 방법을 만들어야 한다. 실천하지 못하는 상황이 발생할 때는 탄력적인 기준을 만들면 된다. 책을 볼 수 없을 정도로 몸살이 났다면 목표를 실천하기 힘들 것이다. 이때는 휴식이 먼저다. 만사 귀찮은데 머리에 들어오지 않는 책을 붙들고 있다고 좋은 것은 아니다.

어쩔 수 없는 상황에서 책읽기가 우선순위에서 밀려나는 것을 빼고는 항상 어느 것보다 먼저여야 한다.

실천하다가 포기하고 싶을 때 유용한 25쪽 읽기 팁을 제안한다.

♥ 항상 손에 책을 가지고 있어라

"수불석권(手不釋卷: 손에서 책을 놓지 아니하고 늘 글을 읽음)."

바쁜 시대다. 책을 읽지 않아도 꾸준히만 들고 다녀도 독서 실천의 반은 성공이라 생각한다. 왜냐하면 시간을 일부러 내야 책을 읽을 수 있다는 사고에서 벗어날 수 있기 때문이다. 다만 책을 스마트폰처럼 들고 다니는 열정이 필요하다.

♥ 무조건 단순하게

한 번 책을 볼 때 25페이지를 읽는다고 생각하고 어떤 경우에도 끝까지 읽으려 노력해야 한다. 만약 읽고 있는데 어쩔 수 없는 상황이 발생할 수 있다. 이때는 다음 독서 때 마무리하면 그만이다. 오히려 그런 경우가 생기면 책 읽는 것에 차질이 생길까 미리부터 걱정하는 마음이 문제다. 간결하고 단순하게 책을 읽는다면 복잡한 걱정은 존재하지 않는다.

절대 타인과 비교하는 목표를 잡지 마라. 자신만의 표적을 그려라. 자신이 세운 작은 목표는 타인의 어떤 대단한 성과보다 소중하다.

책 읽기 좋은 장소

책을 읽는 장소로 좋은 곳은 어디일까? 제일 먼저 도서관이 떠오른다. 다양한 책을 선택할 수 있고, 돈도 들지 않는다. 독서를 하기에 좋은 환경은 모두 갖추고 있다. 두 번째로 서점도 괜찮은 장소 같다. 원하는 책을 구매할 수도 있고, 새로 나온 책들도 보기 좋게 진열되어 있다. 독서하기 좋은 장소로 대다수 사람들의 선택은 도서관이나 서점일 것이다. 나 또한 시간만 된다면 도서관에 들르는 편이다.

비슷한 질문 하나.

'자신만의 책 읽는 장소로 최적화된 곳은 어디인가?'

각자 어떤 답을 할까 생각해본다. 대부분 자신의 여건을 고려한 공간을 생각할 것이다. 예를 들어, 타워크레인을 운전하는 사람들은 휴식시간을 이용해 공중에서 책을 읽을 것이다.

책을 읽을 때 자신에게 주어진 환경의 지배를 받을 수밖에 없다. 그렇다면 각자의 독서하기 좋은 '최적의 장소는 어디인가'를 먼저 생각해봐야 한다. 시간이나 여건이 안 되는 사람이 도서관 가는 사람들을 부러워만 한다면 독서는 힘들어진다. 그래도 도서관을 고집한다면 자신의 편견 때문에 힘들 수 있다는 걸 알아야 한다. 내게 주어진 환경에서 내가 다른 것에 얽매이지 않는 시간이 생길 수 있다면 나만의 독서를 위한 '최적의 장소'다. 그곳이 화장실이라도 말이다.

도서관, 서점에 자주 못 간다고 실망할 필요 없다. 우리는 화장실에서도 책을 읽는다. 구양수는 책 읽기에 가장 좋은 장소 세 곳으로, 침상, 말안장, 그리고 화장실을 꼽았다.

산책할 때도 책을 읽을 수 있다. 중요한 건 내가 처해 있는 환경과 시간의 제약을 핑계 삼기에 앞서 생각을 바꿔야 한다는 것이다. 이 사고를 바꾸지 않으면 독서를 할 곳은 없을 수밖에 없다. 아니 독서를 꾸준히 하기는 어렵다고 본다. 환경에 제약 받기보다 자신이 처한 환경에서 책을 읽을 수 있는 방법을 생각해야 한다.

퇴계 이황 선생은 "책을 읽는데 장소를 가리지 않는다"고 했고, 프레디 레이커는 "오직 바보만이 결정을 바꾸지 않는다"고 했다. 어느 환경에서 책을 읽을 것인가 보다 주어진 환경에 맞는 창의적인 독서를 하는 것이 중요하다. 내가 25쪽 독서를 시작한 첫 번째 이유는 맞벌이 환경 때문이었다. 시간이 부족하더라도 자투리 시간을 이용해서 집중력 있게 읽고 싶었기 때문이다. 이런저런 조건 때문에 독서를 포기하고 싶다면 책을 얇게 만들어 읽어보기 바란다.

자신만의 공간을 여러 곳에 만들어두는 것도 좋다. 점심식사 후 공원 벤치에서, 아니면 사무실 구석에서, 출근길 지하철에서, 새벽 시간 식탁에 앉아서 등등등….

주위 환경에 지배당하지 말고 스스로 환경을 만들어라. 자신이 관리할 수 있는 시간이라면 화장실도, 아니 악조건에서라도 상관없다.

25쪽 독서법으로 알게 된
책읽기의 즐거움

"책은 한 권 한 권이 하나의 세계다." - W. 워즈워스

암벽 등반가가 한 걸음을 내딛을 때마다 집중하는 것처럼 책을 읽는다면 금상첨화일 것이다. 책에 빠져 잠깐이라도 시공을 초월한 경험을 해본다면, 몰입이 가져다주는 즐거움을 그 무엇과도 바꿀 수 없을 것이다. 그러나 몰입이라는 게 말처럼 그렇게 쉬운 경지는 아니다.

맥주를 마시며 책을 읽는다면 이상한가? 등산하며 휴식을 취할 때 책을 보면 이상한가? 오히려 그런 사람을 보면 뭔가 신선하지 않은가?

책을 읽을 때 모든 정신을 집중하여 몰입할 수 있다면 정말 좋다. 그러나 학교 다닐 때 중압감에 눌려 공부하던 것처럼 경직된 마음이라면 오히려 가볍고 즐겁게 책을 읽는 것만 못하다.

"읽은 내용을 하나도 잊지 않으려고 드는 것은, 먹은 음식을 몸 안에 고스란히 간수하려는 것과 다름없다"는 쇼펜하우어의 말처럼, 모르면 다시 보면 된다는 마음으로 책을 대하면 좋을 것이다.

대부분 취미생활은 시간이 없고 비용이 들어도 즐겁게 한다. 책 읽는 것도 취미생활의 하나가 되면 어떨까? 나는 운동 중 축구를 좋아한다. 여러 사람이 모여야 경기를 할 수 있는 불편함을 감수하면서도 공이 구르고 경기가 시작되면 즐거움이 가득하다.

책읽기는 장소와 시간에 제약을 받지 않는다. 더 매력적인 것은 나이가 들어도 죽는 날까지 취미생활로 할 수 있다. 멋지지 않은가!

T. 풀러는 "언제고 괴로운 환상을 위로 받고 싶은 때는 너의 책에게로 달려가라. 책은 언제나 변함없이 친절하게 너를 대한다"고 했다.

울지 마라

외로우니까 사람이다

살아간다는 것은 외로움을 견디는 일이다

공연히 오지 않는 전화를 기다리지 마라

눈이 오면 눈길을 걸어가고

비가 오면 빗길을 걸어가라

갈대구 숲에서 가슴 검은 도요새도 너를 보고 있다

가끔은 하느님도 외로워서 눈물을 흘리신다

새들이 나뭇가지에 앉아 있는 것도 외로움 때문이고

네가 물가에 앉아 있는 것도 외로움 때문이다

산 그림자도 외로워서 하루에 한 번씩 마을로 내려온다

종소리도 외로워서 울려 퍼진다

정호승 시인의 《외로우니까 사람이다》 〈수선화에게〉에 나오는 구절이다.

삶이란 외로움을 견디며 살아가는 것 아닌가. "산 그림자도 외로워서 하루에 한 번씩 마을로 내려온다"는데 나이가 들수록 친구가 없어진다고 한숨을 쉬지 말자. 책은 평생을 함께 이야기하며 찾을 때마다 항상 기다려주는 친구다. 이보다 더 멋진 삶의 친구가 어디 있겠는가. 인생의 외로움도 달래줄 수 있는 책. 이보다 더 즐겁고 재미있는 취미를 만나기도 힘들다.

공자는 "노력하는 자는 즐기는 자를 이길 수 없다"고 했다. 혼자만의 시간이 필요할 때도 항상 곁에 있을 수 있는 책을 즐기지 못한다면 인생의 즐거운 친구를 잃는 것과 같다.

25쪽 읽기와 더불어 다양한 책읽기를 해야 한다. 예를 들어, 나루케 마코토의 《책, 열 권을 동시에 읽어라》라는 책 제목처럼 해보는 것도 재미있을 것 같다.

쇼펜하우어는 "독서란 내 머리가 남의 머리로 생각하는 일이다"라고 했다. 책에 흠뻑 빠진다는 건 책속에서 말하는 사람의 생각을 따라 들어가는 것이다. 내가 주인공이 되어버린 듯 착각할 정도로 말이다. 내가 생각해보지 못한 세상을 들려주고 보여주는 작가의 머릿속을 적나라하게 들여다볼 수 있게 되고, 이것이 반복되면서 내 의식도 확장된다. 그러기 때문에 얼마나 몰입하느냐에 따라 나의 변화 강도가 결정된다.

독서는 창조적인 활동이다. 25쪽 독서는 그 중 한 방법일 뿐이다. 중요한 것은 자신만의 창의적 책읽기를 만들어가는 것이다.

물론, 독서 시간을 많은 확보하기 어려운 직장인, 특히 하루 종일 정신없이 업무에 바쁜 사람들이 책을 읽는다는 건 불가능에 가까울 수도 있다. 내가 맞벌이 생활을 하면서 책을 읽을 수 있었던 건 '자투리 독서'와 '책 선택의 단순함' 덕분이었다. 자신에게 맞는 창조적 독서 방법을 만드는 것이 중요하다. 처음 게임하듯 읽은 '25쪽 독서'와 나름대로 '책 선택에 있어 단순한 기준'이 나만의 책 읽는 방법이 된 것이다.

과감하게 본문은 읽지 않고
제목, 머리말, 큰 목차만 읽는다

책 선택에 있어서는 나에게 필요한 양질의 책만을 읽고 싶은 마음이 생겼다. 욕심이 앞서니 내 기준 없이 타인이 추천해주는 책에 더 관심이 갔다. 처음 1년 정도는 책 선택에서 자유롭지 못했다. 거기다가 잘못 선택한 책에 미련이 남아 중간에 그만두지 못했다. 지금까지 읽은 분량이 아까워서 이해가 잘 안 되어도 꾸역꾸역 힘들게 완독하는 악순환이 반복되었다. 그러한 책읽기가 반복되다 보니 책 읽기보다 책 선택에 오히려 시간을 더 빼앗겼다.

"두 마리 토끼를 잡으려다 한 마리도 못 잡는다"라는 속담은 책을 선택하는 문제에도 적용된다. 읽고 싶은 책은 수십 만 권인데 지금 나에게 필요한 것을 어떻게 골라야 하나 생각만 하다가는 정작 주위에서 권해주는 책, 이런 책은 꼭 읽어야 한다는 서평을 보고 책을 선택하게 된다. 과연 그 선택이 나에게 맞는가는 생각해볼 문제다.

책을 선택할 때에는 남들의 방식을 따라서가 아니라 내 방법으로 해보는 것이 핵심이다. 나는 가급적 본문을 읽지 않는다. 제목이 눈에 띄면 바로 머리말을 읽어본다. 그래도 끌리는 것이 있으면 큰 목차를 보고, 소목차도 대충 훑어본다. 그리고 미련 없이 선택한다. 왜냐하면 본문을 읽기 시작하면 늪 속에 한 발을 내딛는 것과 마찬가지기 때문이다. 계속 읽는다면 두 발이 다 빠져 나오지도 들어가지도 못하는 경우가 생긴다.

제목, 머리말, 목차가 내 마음을 움직였다면, 그것으로 책을 선택하는 이유는 충분하다. 그리고 본문을 읽는 것과 연결시키면 된다. 본문을 계속 읽을 것인가 멈출 것인가는 책 선택 문제와는 다르다. 수많은 책들 중에서 한 권을 내 기준대로 선택했느냐가 더 중요하다. 그리고 내가 세운 기준으로 반복된 행동은 시간이 흐르면서 내가 주도하는 더 좋은 선택법을 만들어줄 것이다.

서로 맞지 않는다면
헤어지는 것도 좋다

선택한 책이 지금 나에게 맞지 않는다면 바로 그 시점에서 책을 덮는 것도 좋은 방법이다. 그리고 다른 책을 찾으면 된다. 이것은 아주 중요한 일이며, 여기에는 용기도 필요하다. 나 자신에게 솔직해진다는 것은 객관적 사고를 키워주는 일이기도 하다. 또 결단력이 좋아지고 미련도 적어진다. 자신을 제어할 수 있다는 건 그만큼 받아들이는 공간이 많이 생긴다는 말도 된다.

책을 읽을 때 전제조건은 나와 똑같은 사람은 없다는 것이다. 자유롭게 책을 읽고 거침없이 내가 받아들이고 싶은 부분만을 가져와야 한다.

생각을 바꾸어 '좋은 책이란 무엇일까?' 자신에게 질문해보라. 나에게 좋은 책은 현재 내 수준에 맞는 다양한 분야의 책이다. 그리고 내 수준보다 약간 높은 책도 좋다. 이해하기 힘든 책은 아무리 유명하고 훌륭한 고전이라 해도 나에게 좋은 책이라고 하기 힘들다. 남들의 기준은 내 기준과 같을 수 없고, 내가 그 책을 소화시킬 수 있는 기본적 수준이 향상되었을 때 읽어도 늦지 않다.

중요한 건, 읽는 책이 나에게 재미있어야 한다는 것이다.

한 권의 책,
변화의 숨을 틔어준 한 문장

"한 권의 책을 읽음으로써 자신의 삶에서
새 시대를 본 사람이 너무나 많다." - 헨리 데이비드 소로

생각을 변화시켜주고 울림을 준 문장들이 있다. 한 문장 한 문장이 내가 그전에는 생각지도 못한 세상을 보여줄 때, 벅찬 숨을 고르느라 창문 너머로 시선을 돌린 적이 한두 번이 아니다. 한참을 그렇게 있다가 생각의 울림이 잦아들 때쯤 다시 책을 열고 바라본 문장들.

나의 어수룩한 삶을 일방적으로 관통해버려 마음을 빼앗길 수밖에 없었던 수많은 책 중에 본문에 인용된 책과 가급적 겹치지 않고, 또 가벼운 마음으로 읽을 수 있는 분량의 책을 골랐다. 욕심을 부려 더 소개하고 싶지만, 한 권의 책에서 느꼈던 미세한 떨림을 함께하는 것이 더 중요하다 생각했기에 소개하지 못한 책에 대한 미련을 내려놓았다. 그리고 어설픈 말로 그 문장이 가진 힘의 전달을 방해할 수도 있어 저자 설명도 생략했다. 같이 따스함이 있는 공간으로 들어가보자.

미쳤다는 말을 들어야 후회 없는 인생이다

꿈을 이룬다고 행복하고
좌절했다고 불행한 건 아니다

이제껏 변변한 꿈 하나 이루지 못했다. 바닥까지 떨어지다 가까스로 살아남은 게 한두 번이 아니었다. 목표로 했던 걸 이루기보단 목표 주변에 떨어진 낟알을 주우며 만족했다. 화가의 꿈은 일찌감치 접어야 했고, 검정고시도 과락을 하는 바람에 몇 차례 재시험을 봤다. 대학에도 어찌어찌 들어갔지만 남들보다 6년이나 늦었다. 국정원에 들어가려던 목표도 이루지 못했다. 인생의 중요한 전환점에 설 때마다 좌절과 실패가 있었다.

세상에 순탄하게만 이어지는 삶은 없다. 그런데 우리는 모든 좌절과 실패의 경험을 불행한 인생과 동일시한다. '꿈을 이룬 사람은 행복하고 좌절한 사람은 불행하다'라는 명제를 참으로 설정해놓고 모두 거기 빠져 허우적거리며 산다. 과연 그게 맞는 걸까?

인도 뮤나의 밀림 한가운데 서서 나는 나에게 묻는다.

'꿈을 이뤄야만 행복한가? 좌절을 겪으면 불행한가?'

나는 꿈을 이루지 못한 사람이다. 좌절했던 사람이다.

'그렇다면 나는 불행한가?'

그런데 나는 불행하지 않다. 오히려 행복하기까지 하다. 밀림을 달리며 흙먼지와 땀으로 범벅이 된 채 나는 과거 여행도 함께 다녀왔다.

우리가 한평생 가장 잘 살았다고 말할 수 있는 인생은 자신이 처한 환경을 극복한 삶이 아니다. 인간승리의 드라마가 아니며, 좌절하지 않는 삶이 아니다. 나에게 주어진 환경 때문에 행복했다거나 불행했다고 생각하지 않는 삶이다. 누구 때문에 행복했다거나 불행했다고 생각하지 않는 삶이다.

그럴 때 그 인생은 너무도 잘 산 인생이다.

술 취한 코끼리 길들이기

근본적인 질문

삶에서 당신은 대부분의 시간을 당신 자신과 마주하고 있다. 그렇다면 세상에서 가장 중요한 사람은 바로 당신이다. 당신 자신에게 가장 큰 의미를 부여할 수 있는 시간은 충분하다. 아침에 눈을 떴을 때 당신이 자각하는 최초의 사람은 누구인가? 바로 당신 자신이다! 자기 자신에게 이렇게 말한 적이 있는가?

"좋은 아침이야. 멋진 하루를 보내기 바래!"

나는 날마다 그렇게 한다.

그리고 잠들기 직전 당신이 자각하는 마지막 사람은 누구인가? 또다시 당신 자신이다! 나는 날마다 나 자신에게 잘 자라고 말한다. 하루 중 많은 개인적인 시간에 나는 나 자신에게 가장 큰 의미를 두려 한다. 그것은 효과를 발휘한다.

왕의 세 번째 질문인 '세상에서 가장 중요한 일은 무엇인가?'에 대한 해답은 '보살핌과 배려'다. 보살핌과 배려는 단순히 타인을 위하는 마음뿐 아니라 깨어 있는 마음까지 가져다준다. 보살핌과 배려의 진정한 의미를 몇 가지 일화를 들어 설명하기 전에, 여기에 다시 한번 왕의 세 가지 질문을 해답과 함께 적어둔다.

1. 세상에서 가장 중요한 시간은? 지금.
2. 세상에서 가장 중요한 사람은? 지금 당신과 함께 있는 사람.
3. 세상에서 가장 중요한 일은? 보살핌과 배려.

사흘만 볼 수 있다면

내가 만일 사흘 동안
세상을 볼 수 있게 된다면

내게 주어진 광명의 사흘을 어떻게 보낼지를 계획해보았습니다. 이 짧은 계획은 만약 여러분이 갑자기 장님이 된다는 것을 알았을 때 세울 프로그램과는 일치하지 않을 수도 있습니다. 그렇지만 확신하건대, 여러분이 실제로 그런 운명에 처해진다면 여러분의 눈은 이전엔 결코 본 적이 없는 것들을 보게 될 것이며, 다가올 기나긴 밤을 위해 그 기억들을 저장할 것입니다. 그리고 자신의 눈을 이전과는 전혀 다르게 사용할 것이며, 눈에 보이는 모든 것들이 소중하게 느껴질 겁니다. 당신의 눈은 시야에 들어오는 모든 사물들을 어루만지고 끌어안을 것입니다. 그때에야 비로소 당신은 제대로 보게 될 것이며, 새로운 미의 세계가 당신 앞에 그 문을 열 것입니다.

나는 장님이기 때문에, 앞을 잘 보이는 사람들에게 한 가지 힌트—시간이란 선물을 받은 사람들에게 그것을 가장 잘 사용하는 방법을 알려드릴 수 있답니다. 내일 갑자기 장님이 될 사람처럼 여러분의 눈을 사용하십시오. 다른 감각기관에도 똑같은 방법을 적용할 수 있습니다. 내일 귀가 안 들리게 될 사람처럼 음악 소리와 새의 지저귐과 오케스트라의 강렬한 연주를 들어보십시오. 내일이면 촉각이 모두 마비될 사람처럼 그렇게 만지고 싶은 것들을 만지십시오. 내일이면 후각도 미각도 잃을 사람처럼 꽃향기를 맡고, 맛있는 음식을 음미해보십시오. 모든 감각을 최대한 활용하세요. 자연이 제공한 여러 가지 접촉방법을 통해 세상이 당신에게 주는 즐거움과 아름다움에 영광을 돌리세요. 그렇지만 단언하건대, 모든 감각 중에서도 시각이야 말로 가장 즐거운 축복입니다.

나는 나무처럼 살고 싶다

자연의 순리

얼마 전에 가평의 한 마을에서 연락이 왔어. 마을에 오래된 잣나무가 있는데 몇 달 전부터 가지가 마르더니만 이젠 아예 껍데기가 시커멓게 죽어간다는 거였어. 상태가 심각한 것 같아 떠날 채비를 서둘렀지. 마을 어귀에 들어서니 마음 급한 노인 분들이 벌써부터 마중을 나와 계시더구나.

"우리 나무 좀 살려 주소. 우리 조부때부터 있던 나무요."

그분들이 가리키는 곳에는 백 년은 족히 살았을 법한 큰 잣나무가 서 있었단다. 나무 앞에 다다르니 군데군데 쌓아 올린 돌탑들이 눈에 들어오더구나. 그 돌 하나하나에 마을 사람들의 사연이 들어 있다고 생각하니 콧날이 시큰해졌지.

가까이 가서 보니 그 잣나무는 자신의 몸을 뚫고 들어오는 벌레를 이겨내지 못해 병이 생긴 거였어. 도대체 얼마나 썩어 들어갔는지 눈으로는 도저히 확인이 안 되더구나. 가방 안에서 끌을 꺼내 들었지. 그리고 뚫린 구멍에 끌을 댄 순간, 내 손은 저절로 멈춰졌단다.

손등을 타고 줄줄 흘러내리는 검은 수액 때문이었어. 죽은피처럼 시커멓게 흐르는 수액을 보며 갑자기 이런 생각이 들더구나.

'이 나무는 벌써부터 죽을 준비를 해 왔구나.'

그 잣나무는 이제 자신의 운명을 다하고 자연으로 돌아가려는 거였어. 몸 안에 남아 있던 수액을 그렇게 흘려보내며 떠날 채비를 하고 있었던 거지.

하지만 사람들은 내 등 뒤에서 잣나무를 살려달라고 애원했어. 물론 내가 치료를 해주면 그 잣나무는 몇 년은 더 살 수 있을 거였어. 하지만 난 그러고 싶지 않았단다. 나무는 그것을 원하지 않는데 단지 사람들을 위해 나무가 따르려는 자연의 순리를 막아선 안 된다는 생각이었지. 그래서 나는 애원하는 눈빛들을 애써 무시하며 이렇게 말했단다.

"나무가 쉬고 싶어 하니 그냥 놔두십시오."

오르막과 내리막

내 인생에도 물론 오르막과 내리막이 있었다. 대학에서 제적을 당했을 때, 수감생활과 강제 징집, 그리고 사기를 당했을 때에는 너무 절망하여 온몸에 기운이 빠져 나간 듯 아무것도 할 수가 없었다.

하지만 나는 내가 겪은 시련의 시간들이 앞으로 쓰게 될 글에 불쏘시개가 되어줄 것이라고 굳게 믿었다. 이 경험들을 다 글로 갚으리라 다짐하며 시리고 아픈 상처를 후벼 파서 더 지독한 고통의 맛을 느끼기도 했다. 지나고 보니 푸성귀 같았던 그때의 삶은 '내 인생의 요리'에 더 깊은 맛을 우려내는 훌륭한 재료가 되어주었다. 만일 나에게 그런 절망의 시간이 없었더라면 〈고도원의 아침편지〉는 그저 단순한 '글'에 머물고 말았을 것이다.

요즘 사람들은 넘어지면 무너지려 하고, 무너지면 부서지는 줄 안다. 그래서 지레 겁을 먹고 극단적인 선택을 하는 경우도 많다. 하지만 넘어졌을 때 아픔을 참고 일어서면 또 다른 세상이 펼쳐진다. 희망은 내가 일어나서 발견해야만 볼 수 있는 것이다.

누구나 인생에서 쓰리고 아픈 내리막을 경험한다. 고통스러운 시간이지만 인생의 내리막도 경험해봐야 한다. 넘어졌을 때 그 사람의 진면목이 나타난다.

넘어지는 순간 한 번에 무너져버리는 사람이 있고, 툭툭 털고 다시 일어나 새롭게 도전하는 사람이 있다. 인생의 장애물도 마찬가지다. 장애물을 고통으로 여기는 사람이 있고, 다시없는 기회와 재산으로 받아들이는 사람이 있다. 내리막길을 두려워하지 말자. 넘어져봐야 비로소 다시 일어설 수 있다.

오늘 내가 살아갈 이유

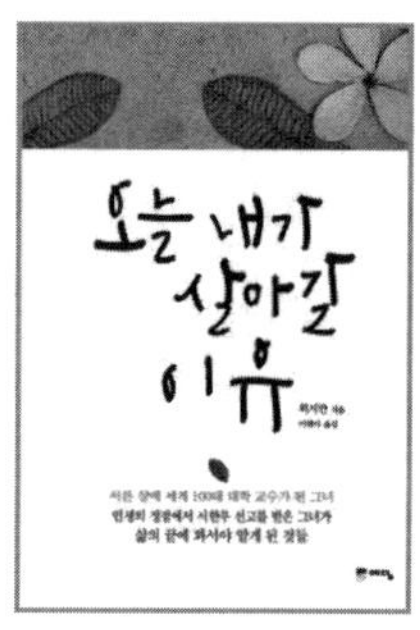

피를 흘리는 순간에도
세상은 아름답다는 것

'암이 드디어 뇌로 전이된 게 아닐까?'
암 환자들은 기본적으로 겁쟁이 초식동물이다.
바람만 살짝 불어도 맹수인 줄 알고 바짝 긴장하게 된다.

감기가 덜 나은 맥도널드를 대신해 아빠가 달려왔고, 가족 모두 온갖 난리를 치며 병원으로 향했다.

"정확한 검사 결과가 나와봐야 알겠지만, 지금 소견으로는 그냥 단순한 낙침(落枕)으로 보입니다. 잠을 잘 때 자세가 좋지 않아서 생기는 경우가 많죠. 걱정하지 않아도 됩니다."

병원에서는 따뜻한 수건으로 찜질을 하며 쉬라고 했다.

집으로 돌아와 침대에 누웠으나 전혀 안심이 되지 않았다. 의사가 내게는 진실을 말해주지 않는다는 느낌이 들었다. 뚜렷한 근거가 있는 건 아니었다. 지나치게 예민해졌는지도 모르지만.

어쨌거나 이미 내 마음에는 공포가 밀물처럼 몰려와 평상심이라는 촛불들을 모두 꺼버린 상태였다. '삶에 연연하지 않겠다'고 그토록 다짐을 했는데, 정작 이런 상황이 닥치니까 어쩔 줄 모르고 벌벌 떨다니. 내 자신이 한심해서 눈물이 찔끔 났다.

밤이 되자 두통이 점점 심해졌다. 통증 그 자체보다는 두려움이 더욱 견디기 힘들었다. 인터넷에 글을 쓰며 익명의 응원군들로부터 '좋은 에너지'를 얻으려 했다.

나는 두렵지 않아, 두렵지 않아.

내 신경은 강하니까.

두렵지 않아, 두렵지 않아.

믿어야 해. 암 전이란 그렇게 쉽게 되지 않아.

이틀 뒤 나의 증상은 결국, 낙침으로 판명이 났다. 나 혼자서 두려움을 키워가며 호들갑을 떤 것이다. 그래 겁을 낼수록 결국 자기만 힘들어진다. 때로는 둔한 게 더 용감한 것임을 새로이 인식하게 되었다.

문득 옛날에 읽었던 루쉰 선생의 문장이 생각났다.

"진정 용기 있는 사람은 비참한 인생을 똑바로 쳐다보며, 뚝뚝 떨어지는 붉은 피를 외면하지 않는다. 슬프지만 이 얼마나 행복한 일인가?"

그때는 그 의미를 이해할 수 없었다. 비참한 인생이나 피를 외면하지 않는 게 왜 슬프지만 행복한 일인지.

이제는 알 것 같다. 인생은 불꽃놀이처럼 화려하지만 또한 피가 뚝뚝 떨어질 정도로 비참하다. 누구나 화려한 시기(전성기)를 거쳐 언젠가는 비참한 종말(본질적인 의미에서)을 맞이한다. 대개의 경우 전성기는 기쁘지만, 종말은 슬프다.

하지만 루쉰 선생은 큰 소리로 우리를 일깨우고 있는 것이다.

피가 뚝뚝 떨어지는 마지막까지, 고개 돌려 외면하지 않고 생을 마주할 수 있다면, 그것은 행복한 일이라고.

마지막 순간까지 이 아름다운 세상을 조금 더 느낄 수 있는 것이니까.

피를 흘리는 순간에도 세상은 여전히 아름다우니까.

일기일회

여백

임제 선사 어록에 이런 구절이 있습니다.

'무사시귀인 단막조작(無事是貴人 但莫造作).'

'있는 그대로가 귀하다. 일부러 꾸미려고 하지 말라'는 뜻입니다. 있는 그대로 존재 자체가 귀하다는 것입니다. 그 독특함은 누구도 모방할 수 없습니다. 그러니 남과 비교해서 그걸 꾸미려고 하지 말라는 것입니다. 꾸미면 가짜입니다. 천연성이 사라지기 때문입니다. 무엇에도 걸림 없는 자연스러움이 귀하다는 말입니다.

자연스럽다는 것은 그 안에 조화와 균형이 갖추어져 있다는 뜻입니다. 따라서 남과 비교하지 말아야 합니다. 저마다 자기 얼굴이 있습니다. 그런 자기만의 얼굴을 스스로 가꾸고 드러내려고 노력해야 합니다. 또한 그런 얼굴은 사랑의 눈으로만 인식될 수 있습니다.

"아름다운 얼굴이 추천장이라면 아름다운 마음씨는 신용장이다"라는 말이 있습니다. 맹목적인 유행에 속지 말라는 소리입니다. 추천장은 믿을 것이 못 됩니다. 신용장인 마음씨가 고와야 합니다.

아름다움에는 여백의 미가 있습니다. 동양화에서 여백은 그 그림의 격을 좌우할 정도입니다. 서양화에는 여백이 거의 없습니다. 덜 채워진 부분, 좀 모자라는 구석이 있어야 합니다. 그립고 아쉬움이 따라야 합니다. 이와 같은 여백의 미는 우리들 삶에도 적용되어야 합니다. 가득가득 채우려고만 하면 욕망이 작용해서 아름다움과는 거리가 멀어지고 추해집니다. 그러나 덜 채우면 그 빈자리에 생기가 돌아서 시들지 않는 품격이 감돕니다.

세상사는 일도 그렇습니다. 가득가득 채우려는 욕망은 결국 그 스스로를 걸려 넘어지게 만듭니다. 좀 모자란 듯한 구석, 덜 채워진 구석이 있어야 사는 맛이 납니다.

프레임

세상을 바라보는 마음의 창 프레임

서양동화 중에 《핑크대왕(Percy the Pink)》이라는 재미있는 작품이 있다.

핑크색을 광적으로 좋아하는 핑크대왕 퍼시는

자신의 옷뿐만 아니라 모든 소유물이 핑크색이었고 매일 먹는 음식까지도 핑크 일색이었다. 그러나 핑크대왕은 이것으로 만족할 수 없었다. 왜냐하면 성 밖에는 핑크가 아닌 다른 색들이 수없이 존재하고 있었기 때문이다. 고민 끝에 핑크대왕은 백성들의 모든 소유물을 핑크로 바꾸라는 법을 제정했다. 왕의 일방적인 지시에 반발하는 사람들이 많았지만 어쩔 수 없이 그날 이후 백성들도 옷과 그릇, 가구 등을 모두 핑크색으로 바꾸었다.

그러나 핑크대왕은 여전히 만족하지 않았다. 세상에는 아직도 핑크가 아닌 것들이 존재하고 있었기 때문이다. 그래서 이번에는 나라의 모든 나무와 풀과 꽃, 동물들까지도 핑크색으로 염색하도록 명령했다. 대규모의 군대가 동원되어 산과 들로 다니면서 모든 사물을 핑크색으로 염색하는 진풍경이 연출되었다. 심지어 동물들은 갓 태어나자마자 바로 핑크색으로 염색되었다.

드디어 세상의 모든 것이 핑크로 변한 듯 보였다. 그러나 단 한곳, 핑크로 바꾸지 못한 곳이 있었으니 그건 바로 하늘이었다. 제아무리 무소불위의 권력을 가진 왕이라도 하늘을 핑크로 바꾸는 것은 불가능한 일이었다. 며칠을 전전긍긍했지만 뾰족한 수가 떠오르지 않자, 핑크대왕은 마지막 방법으로 자신의 스승에게 묘책을 찾아내도록 명령했다. 밤낮으로 고심하던 스승은 마침내 하늘을 핑크색으로 바꿀 묘책을 찾아내고는 무릎을 쳤다. 스승이 발견한 그 묘책은 과연 무엇이었을까?

핑크대왕 앞에 나아간 스승은 왕에게, 이미 하늘을 핑크색으로 바꿔놓았으니 준비한 안경을 끼고 하늘을 보라고 했다. 대왕은 반신반의하면서도 스승의 말에 따라 안경을 끼고 하늘을 올려다봤다. 그런데 이게 어찌된 일인가? 구름과 하늘이 온통 핑크색으로 변해있는 것이 아닌가. 스승이 마술이라도 부려 하늘을 핑크색으로 바꿔놓은 것일까? 물론 아니다. 스승이 한 일이라곤 핑크빛 렌즈를 끼운 안경을 만든 것뿐이었다. 하늘을 핑크로 바꾸는 것은 불가능한 일이었지만, 하늘을 핑크색으로 보이게 할 방법은 찾아냈던 것이다. 핑크대왕은 크게 기뻐하며 그날 이후 매일 핑크 안경을 끼고 세상을 바라보면서 행복한 나날을 보냈다. 백성들은 더 이상 핑크색 옷을 입지 않아도 되었고, 동물들도 핑크색으로 털을 염색할 필요가 없었다. 핑크 안경을 낀 대왕의 눈에는 언제나 세상이 온통 핑크로 보였던 것이다.

우리 역시 핑크대왕과 마찬가지로 각자 색깔만 다를 뿐 '프레임'이라는 마음의 안경을 통해 세상을 바라보고 있다.

사막에 숲이 있다

"사막을 피해 돌아가서는 숲으로
갈 수 없었습니다.
사막에 나무를 심었더니,
그것이 숲으로 가는 길이 됐지요."

사실 그녀가 사막에 살면서 가장 두려워한 것은 몸 고생이 아니었다. 그보다는 쥐 죽은 듯 고요한 적막과 외로움이었다. 그때까지도 징베이탕은 사막 한가운데 길도 없이 서 있는 외딴 섬이었다. 어쩌다 길을 잃고 헤매던 사람이나 1년에 한

두 번 찾아오는 친척들 말고는 사람 구경을 할 수 없었다. 그러니 집에서 기르는 돼지나 닭, 노새, 심지어 들고양이나 토끼 한 마리까지도 껴안고 볼을 부비는 버릇까지 생겼다. 그런 그녀가 처음 징베이탕에 길을 내겠다고 선언했을 때 친척들의 반응은 한마디로 황당하다는 것이었다.

"모래 위에 길을 낸다고? 집 짓느라 고생하더니 미쳤나?"

일사병으로 머리가 돌았다는 등 멍청한 줄은 진작 알았지만 이제 보니 진짜 바보라는 등 사람들이 입방아를 찧었다. 그러나 인위쩐은 한번 마음먹은 일을 해보기도 전에 포기하는 사람이 아니다. 집을 짓기 전에도 세 차례나 길을 닦았는데 세 번 다 모래에 묻히고 말았다. 마치 바람이 일부러 사람을 가두려고 훼방을 놓기라도 하듯 길을 내려던 자리에 모래를 쓸어다 부은 것이다.

바람이 그친 뒤 나가 보면 길은 흔적도 없이 사라져 있었다. 하지만 그녀는 언제나 실패에서 해답을 찾았다. 몇 해 동안의 경험으로 바람이 지나가도 모래가 비교적 덜 쌓이는 쪽으로 방향을 바꾸어서 길을 내기로 한 것이다. 도무지 갈피를 잡을 수 없는 게 처녀 마음과 모래 바람의 진로라고는 하지만, 처녀 마음에도 끌리는 쪽과 그렇지 않은 쪽이 있듯이 모래 바람도 주로 불어오는 쪽과 비켜가는 쪽이 엄연히 존재했다. 고요하던 징베이당 사막에서 불도저가 수십일 동안 요란한 소리를 냈다. 일단 모래를 다진 뒤 풀과 나뭇가지를 깔고 그 위에 흙을 덮어 또 다지는 방식으로 한뼘 한뼘 길을 만들어 나갔다. 무릎이 찢어지고 손이 갈라지고 발바닥엔 물집이 생겨 피와 모래가 뒤범벅된 딱지가 몇 번이나 떨어졌다 앉았다 하던 어느 날, 마침내 길이 뚫렸다. 풀과 나무로 만든 그 기적의 길은

자그마치 10킬로미터에 달했다. 길은 징베이탕이 더는 섬이 아니라는 것
을 뜻했다. 사람과 물자와 정보가 오가는 세상과의 통로가 뚫린 것이다.

완벽에의 충동

그래도 베풀어라

1997년 마더 테레사는 87세를 일기로 세상을 떠
났습니다. 그녀의 장례식은 마하트마 간디를 운
구했던 바로 그 포가(砲架)에 실려 인도 국장(國
葬)으로 치러졌습니다. 하지만 그녀의 서거를 슬
퍼한 것은 인도만이 아니었습니다. 미국 상원은 그녀의 장례일을 국가추
도일로 선포했고 전 세계가 그녀의 죽음을 애도했습니다.

여기 마더 테레사가 남긴 메시지가 있습니다.

"(중략) 당신이 선한 일을 하면 이기적인 동기에서 하는 거라고 비난받
을 것이다. 그래도 좋은 일을 하라. 당신이 정직하고 솔직하면 상처를 받
을 것이다. 그래도 정직하고 솔직하라. 당신이 여러 해 동안 만든 것이 하
룻밤에 무너질지 모른다. 그래도 만들어라. 사람들은 도움이 필요하면서
도 도와주면 공격할지 모른다. 그래도 도와줘라. 세상에서 가장 좋은 것
을 주면 당신은 발길로 차일 것이다. 그래도 가진 것 중에서 가장 좋은 것
을 줘라."

그녀는 쓰다 남는 것을 남에게 주지 말라고 말했습니다. 그것은 동정
이고, 베풂은 진정한 섬김입니다. 거기에는 자기희생이 있어야 합니다.

마더 테레사는 자기희생에 바탕한 서번트(servant) 리더십의 결정입니다.

평생 옷 두 벌과 성경책 한 권이 가진 것의 전부였던 마더 테레사. 하느님의 작은 몽당연필일 뿐이라며 스스로를 한없이 낮추었던 마더 테레사. 그녀로 말미암아 사랑의 결핍으로 질식할 것 같던 지구는 다시 숨을 쉬게 되었던 것입니다.

비즈니스 발가벗기기

일생에서 가장 중대한 순간

빌 게이츠는 엄청나게 많은 것들을 성취했으며, 마이크로소프트를 지구상에서 가장 강력한 기업 중 하나로 성장시켰다. 20년이 조금 넘는 기간에 그는 현대인의 삶을 바꿔놓았다. 그리고 이제 그는 자신의 막강한 두뇌를 우리 지구가 직면한 어려운 문제들을 해결하는 데 쓰고자 관심을 돌리고 있다. 빌은 내게 넬슨 만델라를 만나고 온 이야기를 해주었다.

"만델라에게 물었습니다. '대부분의 사람들은 당신을 성인이라고 생각합니다. 진실을 말해주십시오. 당신은 당신을 감옥에 집어넣은 사람들을 증오했습니까?'라고요. 그랬더니 '네, 그랬습니다'라고 말하더군요."

빌은 만델라가 이렇게 말했다고 전해주었다. "나는 12년 동안 그 사람들을 생각하며 살았고 그들을 증오했습니다. 그러다가 깨달았지요. 그들이 내 정신이나 마음까지 빼앗을 수는 없다는 사실을 말이죠."

빌은 만델라의 대답을 듣고 깜짝 놀랐으며 그와 만난 일은 일생에서 가장 중대한 순간이었다고 말했다. 빌은 이렇게 말했다. "그는 내게 삶에 대해 가르쳐주었습니다."

그것은 참으로 대단한 순간이었을 것이다 세계에서 가장 부유한 사람이 세계에서 가장 존경받는 사람과 대화를 나누고 인생의 새로운 목적과 도전 과제를 얻는다. 나는 어쩌면 그 순간이 훗날 역사책에 커다란 전환점, 무언가 거대한 것의 시작이라고 기록될지도 모르겠다는 생각이 들었다.

줌^{zoom} 독서

"이 세상 훌륭한 것들은 모두가 독창성의 열매다." - 존 스튜어트 밀

"현재의 내 상태로 문제를 풀 수 없다면, 또 다른 내가 되어 문제를 풀어야 한다"는 아인슈타인의 말처럼, 한 줄씩 읽는 방법으로는 책을 빨리 읽을 수 없다. 요지는 '초점'에 있다. 카메라의 줌 기능처럼 사물의 크기나 범위를 조절하듯 눈에 초점을 조절하여 책을 빨리 읽을 수 있는 방법이 있다. '줌(zoom) 독서'는 내가 만들어낸 말이다.

줌 독서를 해야 하는 이유는 책 선택의 범위 때문이다. 짧은 시간 안에 책을 많이 볼 수 있다면 독서는 자유로울 수 있다. 만약에 책 읽는 속도가 한정되면 좋은 책을 고르는 시간에 많은 투자를 해야 한다. 하지만 반대로 속도를 빠르게 한다면, 잘못된 선택을 하고 느리게 읽는 깃에서 훨씬 자유로워질 수 있다. 한 권 읽은 사람이 열 권 읽은 사람의 생각을 따라갈 수 있을까? 천 권을 읽었다면, 더욱이 만 권을 읽었다면, 생각하는 차원이 다를 것이다. 책을 짧은 시간에 읽을 수 있다면 시간적 제약에서 여유로워질 수 있다. 그러나 읽는 속도가 느리다면 항상 시간이 부족하다는 문제가 생긴다. 일주일에 한 권을 읽는다고 가정하면 한 달에 5권 정도 읽는 것이고, 1 년이면 60권 정도 읽을 수 있다. 이 정도 책 읽는 것도 사실 대단한 일이다. 그런데 만약 하루에 2권을 읽을 수 있다면 한 달이면 60권이 된다. 전자에 1년 독서량을 한 달 만에도 읽을 수 있다는 말이다. 1년이면 12년의 차이 도 날 수 있다. 책 읽는 속도를 높이면 엄청난 효과를 경험하게 될 것이다.

게으른 토끼와 부지런한 거북이가 경주를 하면 거북이가 이긴다. 반대 로 토끼도 부지런하면 거북이는 토끼를 이길 수 없다. 그러나 열심히 뛰 는 두 마리 동물과 차원이 다른 공간을 생각해보았는가? 창공을 날고 있 는 송골매는 그들과 바라보는 초점이 다르다. 송골매의 초점은 넓은 대 지도 바라볼 수 있고, 먹이에만 집중하는 초점도 가지고 있다. 송골매처 럼 높은 곳에서 바라보는 초점으로 책을 읽는다면 한 글자 두 글자가 아 닌 전체 문장을 볼 수 있을 것이다. 물론, 카메라처럼 초점 조절이 필요 없는 우리 눈을 조절하는 것은 쉬운 일이 아니다. 하지만 이 방법을 터득 한다면 책 읽는 속도는 엄청나게 빨라질 수 있다. 그래서 여기부터 창의 적인 방법을 생각해내야 한다.

어떻게 연습해야 하는가?

연습 1 ▶▶▶ 내가 맨 처음 책에 잡혀 있는 초점을 바꾸는 방법으로 생 각해낸 것은 책을 삐딱하게 들고 읽는 것이다. 책을 20도 정도 기울이고 보통 독서하는 방법으로 읽으면 윗줄의 글과 아래쪽 글이 동시에 보인 다. 처음에는 혼란스럽고 뇌에서 거부반응을 보일 것이다. 처음 연습할 때는 억지로 하지 말고, 책을 읽다 지루하거나 지칠 때 짬짬이 연습해보면 좋다. 열심히 하려다 보면 오히려 반발이 심할 수도 있다. 하루 이틀에는 어렵겠지만 매일 짬짬이 연습한다면 '한 달' '하루' 또는 '바로' (사람마다 다르겠지만) 한두 줄 이상 초점을 잡을 수 있을 것이다. 순간순간 두 줄뿐 아니라 세 줄, 아니면 그보다 더 보일 때가 있다. 이렇게 여러 줄이 동시에 보이는 것을 의도적으로 계속 볼 수 있게 만드는 것이 포인트다. 더 나아가 반복 연습을 통해 의도하지 않아도 자연스럽게 여러 줄을 볼 수 있는 초점을 만든다면 줌 독서는 성공이다.

사진 1

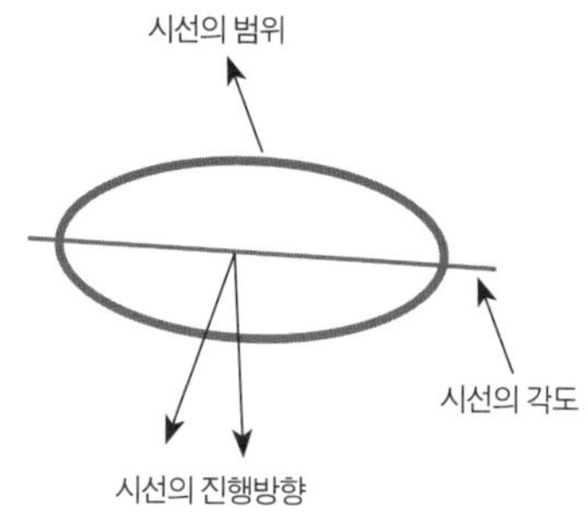

1. 20도 정도 기울어진 가로선이 눈이 따라가는 선이다. 처음에는 왼쪽에서 오른쪽으로 가면서 두 줄 이상을 동시에 보며 읽는 연습을 한다.
   초점을 맞추기 어려울 때는 한 쪽 눈으로만 글을 보면 더 쉽게 초점을 맞출 수 있다. 또 위 시진은 한 번에 모든 걸 인식할 수 있다. 어쩌면 사진을 보듯 글을 묶어서 본다고 말해도 괜찮을 것 같다.

2. 숙달되면 한 번에 가로선(시선의 각도선)을 보며 아래로 읽어 내려가며 읽는다. 처음에는 한 줄만 보이기도 하고 여러 줄이 보이기도 한다. 이것은 우리 눈의 초점이 기존 방식에서 벗어날 수 있다는 것을 말해준다.

3. 시선의 진행방향 화살표는 자신이 편한 쪽으로 시선을 진행하면 된다. 나는 수직으로 읽다가 점점 대각선 방향으로 바뀌었다.

　사진1 방법이 처음에 힘들다면 '자'를 대고 우리 눈을 유도해주면 효과가 있다.

　고수들은 힘을 빼고 읽는다.

　시작부터 금방 되지는 않을 것이다. 전력으로 하지 말고 기존 방식으로 읽다가 기분 전환하듯 읽고 싶을 때나 '이렇게도 읽을 수 있겠구나' 하는 생각만 가져도 반은 성공한 것이다. 왜냐하면 자신의 고정된 사고를 조금 말랑말랑하게 만들었기 때문이다. 애써 노력하려 하지 말고 담담하게 해보기 바란다. 힘(욕심, 조급함)을 뺄수록 더 잘 된다.

연습 2 ▶▶▶ 20도 기울여 읽다가 어느 정도 위 아래 줄을 읽을 수 있다면 각도를 더 기울여 45도 정도로 놓고 책을 읽어본다. 기울기가 20도보다 두 배 이상 기울어져 두 줄 뿐 아니라 더 많은 줄이 눈에 들어오고, 자주 반복할수록 시선이 여러 줄을 볼 수 있게 초점이 맞추어져간다.

연습 3 ▶▶▶ 어느 정도 두 줄 이상 볼 수 있는 초점 조절이 된다면 다음 단계는 90도로 기울여서 읽어보는 것이다. 글을 읽을 때 보통 왼쪽에서 오른쪽으로 읽지만 이 방법은 강제로 위에서 아래로 읽어야 한다. 이 방법은 일반적으로 시선의 이동을 거부하기 때문에 오히려 더 초점이 잘 맞을 수도 있다. 그리고 위 아래로 읽으며 시선도 오른쪽에서 왼쪽으로 진행하기 때문에 두 줄 이상 더 쉽게 볼 수도 있을 것이다. 다만 위 두 가지 방법을 연습해서 자연스러울 때 하면 효과는 더 좋다.

연습 4 ▶▶▶ 이 단계는 기존의 습관을 완전히 무시하는 방법으로 책을 완전히 180도 뒤집어 읽는 것이다. 모든 것이 일상적으로 읽던 것과 반대다. 이 방법으로 책을 읽을 수 있다면 우리가 생각하지 못하는 방법으로도 읽을 수 있다는 걸 증명해주는 것이다. 그러므로 위 네 가지 방법으로 초점을 조절하는 방법을 익히면 문장을 한 번에 볼 수도 있다는 것을 자신에게 증명해 보이는 것이다.

228　　　**연습 5** ▶▶▶ 책을 원 상태로(기존에 보던 대로) 놓고 읽어본다. 이때 '자'

를 이용해 20~40도 정도 기울여 책에 대가며 읽는다. 그리고 마지막 단계는 '자' 없이도 가상의 기울인 선의 초점으로 두 줄 이상 보는 것이 힘들지 않다면 줌 독서의 초점으로 책을 읽을 수 있다는 말이다.

위 다섯 가지 연습 방법은 책을 짧은 시간에 많이 보고 싶어 나름대로 생각해보고 경험해본 독서법으로서 나만의 책읽기에 적용하고 더 발전시키고 있다.

그런데 문제가 있다. 평생을 가로로 단어를 읽어오다가 초점을 조절하는 독서를 하려면 어느 때는 잘 보이다가도 컨디션이 좋지 않거나 잡생각이 많으면 오히려 어려워진다. 책을 읽을 때 얼마나 집중하고 몰입할 수 있느냐에 따라 달라질 수 있다.

나는 몰입이 안 될수록 천천히 읽는다. 그러면 신기하게 더 잘 보인다. 억지로 보려 하지 말고 달래듯 읽기 바란다. 애써 노력하기보다 생각의 변화가 필요하기 때문이다. 다시 한번 강조하지만 '노력'이 아니라 생각이 '전환'되어야 더 잘 읽을 수 있다.

한 권의 책을 다 읽을 때까지 계속 몰입한다는 것은 생각보다 쉽지 않다. 특히 직장인은 시간이 부족하므로 더더욱 힘들다. 내가 '25쪽 독서'를 시작한 이유도 자투리 시간이라도 25페이지를 읽는 동안에는 온통 책에 집중하려 했기 때문이다. 만약 시간이 많아 책 한 권을 읽는다고 해도 잡생각을 하며 독서를 한다면 오히려 자투리 독서보다 못할 수도 있다.

앞서 설명한 사진기의 줌 기능과 같이 초점을 조절하는 '줌 읽기'로 책 읽는 속도를 높였고, 또 25쪽 독서법으로 집중해서 읽어왔다. 주어진 환경이 나쁘더라도 자신에게 맞는 독서 방법을 개발한다면 삶을 변화시킬 열쇠를 책에서 찾을 수 있다. 초점을 조절하며 책을 읽는 방법은 많은 책읽기 방법 중 한 가지일 뿐이다. 현실에서 자신의 환경에 맞는 책읽기 방법을 찾는 게 중요하다.

내가 가진 편견이 깨지는 만큼 변화가 들어온다고 한다. 아마 줌 독서법보다 더 훌륭한 독서법이 얼마든지 있을 것이다. 줌 독서에 대해 더 자세히 이야기하고 싶지만 기본적 방법은 다 설명했다. 이것을 자꾸 연습하다 보면 더 다양한 책읽기가 가능해질 것이다. 더 쉽게, 지금보다 더 빠른 속도로 읽을 수 있게 될 것이다.

중요한 것은 '당신이 변화를 원하고 있는가?' 이다.

...

책을 통해, 당신의 삶에서
변화를 만나라

"저기, 느티나무 잎들이 변화를 일으켜요."

"변화요?"

"느티나무 잎이 햇빛을 받지 못하면 어떻게 될까요?"

"약해지겠죠."

"위의 잎에 가려 빛을 받지 못한 아래에 있는 잎들이 왜, 싱싱할까요?"

"…?"

"바람이 불면 나뭇잎들이 움직이기 때문에 아래에 있는 잎들도 햇빛을 받을 수 있는 거예요."

서른 초반에 나무를 좋아했다. 나무에 대해 배울 때 분재를 키우는 분에게서 들은 이야기다. 바람이 '변화'의 기적을 만들어낸다. 10년도 더 지났지만 바람이 내 볼을 스치면 기억의 재생버튼을 누르듯 떠오른다.

바람이라는 변화가 없다면 가려진 나뭇잎은 햇빛을 받지 못해 시들 수밖에 없다. 가려진 나뭇잎과 우리의 삶이 닮아 있다. 변화를 받아들여야 살아갈 수 있다. 우리에게는 삶을 변화시킬 수 있는 바람과 같은 계기가 필요하다. 그것이 책이든 사람이든 아니면 다른 어떤 것이든 좋다.

분재는 화분이라는 악조건 안에서 100년을 넘게 살아갈 수 있다. 그러나 이 한 가지를 해주지 않으면 몇 년을 버티지 못하고 죽는다. 바로 뿌리를 잘라주는 일이다. 뿌리를 잘라주어야 나무는 그 변화 속에서 자신의 강인한 생명력이 다시 만들어진다.

'변화의 진실'도 이와 같다. 나무의 뿌리를 자르면 새로운 뿌리가 자라고, 새로운 가지가 자라고, 그 가지 위에 새로운 잎이 자란다. 그리고 그 나무는 전과 같은 나무가 아닌 새로운 나무가 되어 있다.

나무의 뿌리를 자르듯, 책을 통해 당신의 삶에서 '변화'를 만나길 바란다.